감성의

끝에
서라

감성의 끝에 서라

우리가 놓치고 있던 가장 쉬운 창조법

강신장 | 황인원 지음

21세기북스

프롤로그
당신에게 시인의 눈을 선물합니다

대한민국은 지난 50년간 쉼 없이 '추월의 고속도로'를 달려왔습니다.
그리고 대한민국은 불과 50여 년이라는 짧은 시간에
세계 10위권의 경제력을 거머쥔 국가로 우뚝 성장했습니다.
인류 역사상 전례를 찾기 힘든 특별한 신화를 만들어낸 것입니다.

하지만 추월의 게임은 어느덧 그 끝을 보이고 있습니다.
이제 대한민국은 새로운 길을 찾아야 합니다.
'초월의 길'이 바로 그 길이 아닐까 생각합니다.

이 길은 새로운 길입니다.
눈에 보이지도 않고, 누구도 가본 적이 없습니다.

초월은 기준을 넘고, 한계를 넘고, 예상을 넘고, 경계를 넘는 일입니다.
끊임없이 초월의 길을 만들고 달린 스티브잡스의 열정처럼
퍼스널 컴퓨터, 아이맥, 아이팟, 아이폰, 아이패드와 같이

'새로운 카테고리'를 만들고, 없던 것을 만드는 것입니다.

새로운 길, 초월의 길을 만들려면 어떻게 해야 할까요?
그것은 다른 사람이 보지 못한 것을 볼 수 있어야 하고,
아무도 하지 못한 상상을 할 수 있어야 가능한 일입니다.
이 땅의 수많은 기업인과 기업 구성원에게
가장 필요한 한 가지가 있다면 그것은 바로 '상상력'입니다.

하지만 많은 사람들이
가장 어렵게 여기는 것 중 하나가 상상력이지요.
그렇다면 상상력은 어떻게 해야 키울 수 있을까요?
상상 공부는 어떻게 해야 잘할 수 있을까요?
상상력을 가장 많이 발휘하는 분야를 찾아 연구하면
도움이 되지 않을까요?

상상력을 가장 많이 쓰는 분야 중 으뜸을 꼽으라면
바로 '시詩'이며, '시인들의 마음'일 것입니다.
시인들은 상상의 힘으로
언제나 놀랍고 새로운 이미지를 만들어내니까요.

어떻게 그들은 그렇게 아무도 보지 못한 것을 보고
놀랍고 새로운 것들을 만들어낼 수 있었을까요?

어렵게 돌고 돌아 필자들이 찾아낸 결론은
'시인들은 감성의 끝에 서 있기 때문'입니다.

만약 시인들이 가지고 있는 감성의 끝에 서는 방법을
기업과 기업 구성원, 그리고 대한민국의 온 국민이
배워 활용할 수만 있다면 이보다 더 좋은 상상력 공부는 없을 것이며,
우리 모두 새로움을 보는 큰 눈을 갖게 될 것입니다.

하지만 시인은 경영을 모르고, 경영자는 시를 모릅니다.

이런 상황에서 시인들의 창조법을 정리하고,
기업과 개인이 쉽고 재미있게 활용할 수 있도록
체계를 잡는 일은 참으로 쉽지 않은 작업이었습니다.

그러나 우리에게는 불가능한 일만은 아니었습니다.
경영자와 시 전공자가 만났기 때문입니다.
그것이 이 책의 필자가 두 사람인 까닭입니다.

한 사람은 오랫동안 기업의 경영자로서, 그리고 교육 담당자로서
경영자들을 비롯한 기업 구성원들에게
최고의 교육 프로그램을 만들어 제공하는
'지식 프로듀서' 생활을 해왔습니다.

'재미있는 지식' 프로그램을 바탕으로
경영자 1만 명이 공부하는 'SERI CEO'라는 학교를 만들었으며,
새로움을 창출하는 데 인문학과 문화 예술이 얼마나 중요한지를 간파해
기업에 인문학과 문화 예술의 새로운 바람을 일으킨 사람입니다.

또 한 사람은 시인으로서 학교에서 시를 가르치고,
또 신문기자로서 우리 사회의 문제점을 찾아내며
창조적인 대안 만들기에 힘써왔습니다.
특히 시인들의 상상력을 활용한 창조 경영을 주창하며
시와 경영을 접목하고자 '문학경영'이라는 신조어를
만들어낸 사람입니다.

그렇게 같은 생각을 가진 다른 분야의 두 사람이 만났으니
'새로움을 창출해보자'는 의기투합은 너무도 당연한 수순이었습니다.
두 사람은, 시적 상상력이 기업 경영에 필요한
새로운 아이디어 도출법으로 연결될 수만 있다면
이는 곧 혁신을 만드는 창조법이 될 것이라 믿었습니다.

그래서 '세상 사람들에게 새로움을 보는 눈,
즉 시인의 눈을 선사하자'는 목표로 상당 기간 연구와 워크숍을 거쳐
한 걸음 한 걸음 미답의 세계를 밟아나갔습니다.
아직은 미흡하고 부끄럽지만, 이 책이 바로 그 노력의 결과물입니다.

이 책에는
'보이지 않는 것을 보는 법', '다른 사람들이 보지 못하는 것을 보는 법'
'감성의 눈을 뜨는 법', '관찰의 눈을 뜨는 법'
'융합하는 법', '역발상하는 법' 등
감성의 끝에 설 수 있는 몇 가지 비법이 담겨 있습니다.

저희는 이 책을 통해
참신하고 혁신적인 이 새로운 창조법을
여러분께 분양해드리려고 합니다.

이렇게 과감하게 말씀드리는 데는 이유가 있습니다.
바로 '검증 과정'을 거쳤기 때문입니다.
2012년 가을과 2013년 봄, 여름, 모두 세 차례에 걸쳐
CEO와 경영자들을 모시고
'시인들의 창조법을 통해 배우는 Think Different 최고위과정'을
운영해보았습니다.

첫 과정은 12주 동안 주 1회씩 저녁 시간에 모여 진행했습니다.
참여하신 분들께서는 감사하게도 매우 관대한 평가를 해주셨지만
저희 두 사람의 자체 평가 점수는 솔직히 그리 높지 않았습니다.

그래서 우리를 믿고 참여하신 분들께
충분한 만족감을 드리지 못한 점을 깊이 반성하고,

2012년 12월부터 2월까지 겨울 내내 주말마다 모여
열정어린 연구와 토론을 통해 새로운 툴Tool을 만들었습니다.

그리고 그 효과를 확인하는 실험 과정을 거친 뒤
내용을 혁신적으로 재구성하고,
교육 기간 또한 과감하게 6주로 압축했습니다.

다행히 2013년 봄에 진행한 두 번째 과정에서는
참석하신 CEO와 경영자들께서 내용 만족도 9.4(10점 만점),
프로그램 추천 의향 100퍼센트라는 놀라운 평가를 해주셨습니다.

그렇게 놀라운 점수를 주신 이유 중 하나는
상상력을 바탕으로 한 시인들의 창조법이 기업 경영에
큰 도움이 될 수 있다는 점을 몸소 실감했기 때문일 것입니다.

이 과정에 참석했던 모 그룹의 최고경영자는
"내용이 유익할 뿐 아니라 경영에도 활용할 가치가 높다"고 판단해,
창조력이 중요한 회사 임원과 주요 간부 130여 명을 대상으로
이 프로그램을 운영해달라고 요청해 아주 특별한 기회를 갖기도 했습니다.

이 과정을 배우고 나면 새로운 시각에서 아이디어를 찾을 수 있겠지만
부작용(?)이 있을지도 모릅니다.
믿어지지 않으시겠지만 한 번도 시를 써보지 않은 분들이

약간의 노력만으로 시를 쓸 수 있게 되기 때문입니다.

멋진 시가 나오더라도 당황하지 마시길 부탁드립니다.
그런 점에서 이 책은 상상력 공부, 상상력을 이용한
비즈니스 아이디어 도출, 그리고 시 창작까지
모두를 한 번에 얻을 수 있다는 장점을 가지고 있습니다.

이 책의 문체는 강의식 구어체로 서술했습니다.
가능하면 한 시간의 강의를 듣는 것처럼
쉽고 편하게 내용을 전달하고 싶어서입니다.
그래서 권위 있는 책이 아닌 친근한 책이 되기를 희망합니다.

이 책은 총 3부로 구성되어 있습니다.
1부에서는 우리가 한 번도 가져보지 못한 '사물의 마음을 본다'는
새로운 관점과 함께 그 중요성에 대해 설명하고,

2부에서는 사물의 마음을 보기 위해
오랜 세월 동안 시인들이 써온 방법이 무엇인지를
여러분이 이해하기 쉽도록 정리했습니다.

3부에서는 그렇게 이해한 시인들의 창조법을
생활 속에서 또는 비즈니스에서 어떻게 활용할 수 있는지
연습해볼 수 있는 장을 마련했습니다.

특별히 감사해야 할 분들이 있습니다.
경영자와 시인을 도와주는 두 사람의 연구원이
이 모든 과정을 함께했습니다.

류문희 연구원(문학경영연구원 소속)과
정해리 연구원(IGM 세계경영연구원 소속)이 바로 그 주인공들입니다.
이들이 없었다면 이 새로운 길은 열기 어려웠을 것입니다.
대부분의 연구 개발이 황금 같은 주말 시간에 이루어졌기 때문입니다.
진심으로 감사드립니다.

또한 독자들께 이 책을 선보일 수 있도록
헌신의 노력을 아끼지 않은 '21세기북스'의 가족들,
윤군석 실장과 정지은 팀장, 그리고 양으녕 씨에게 감사의 인사를 드립니다.

자, 그럼 대한민국 국민 모두가 함께
보이지 않는 것을 보고, 남들과 다르게 보고,
새로움을 찾아낼 수 있는 '감성의 끝'을 향해 떠나보도록 하겠습니다.
부족하지만 즐거운 여행이 되었으면 좋겠습니다. 출발!

강신장·황인원 올림

차례

프롤로그 당신에게 시인의 눈을 선물합니다　004

**1부
한 번도
가보지
않은 땅,
사물의
마음 보기**

새로움을 보는 법 1
간절함의 눈을 떠라
당신의 눈을 잘 쓰는 법

보이지 않는 것을 보고, 남들과 다르게 보기　020
나는 보기 위해 눈을 감는다　029
간절함이 보이지 않는 것을 보이게 만든다　034

새로움을 보는 법 2
일체화를 하라
대추 한 알과의 만남

대추 안에서 초승달을 보는 시인의 눈　038
일체화는 곧 발상의 전환　043
당신은 바다가 되어본 적이 있나요?　048

새로움을 보는 법 3
사물의 마음을 보라
붕어빵이 되다

한 입 위로되고 싶은 붕어빵의 마음 052
시란 사물의 마음을 보는 것 057
사물의 마음을 찾아라! 066

새로움을 보는 법 4
사관질통하라
애는 지금 무슨 생각을 하고 있을까?

소화기의 마음을 보면 새로운 소화기가 탄생한다 070
사색하고 관찰하고 질문하면 통찰이 생긴다 081
해병대의 마음이 새로운 해병대를 만든다 091

2부
사물의 마음을 보는 시인들의 4가지 창조법

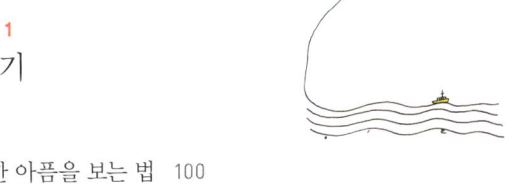

감성의 끝에 서기 1
감성의 눈 뜨기
오감법

남들이 보지 못한 아픔을 보는 법 100
벤치는 오늘 밤 낙엽과 함께 술 한잔 하고 싶다 105
감성의 끝, 가능성의 끝에 서자 113
Think Box 감성의 눈을 뜨기 위한 생각거리 123

감성의 끝에 서기 2
관찰의 눈 뜨기
오관법

우편함이 수다를 떤다 127
천수의인도와의 만남 140
투덜대는 소화기 143
Think Box 관찰의 눈을 뜨기 위한 생각거리 155

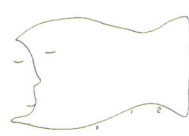

감성의 끝에 서기 3
연결과 융합의 눈 뜨기
오연법

연못과 어머니의 유사점 찾기 162
융합을 부르는 유사점의 마술 173
오연법을 이용해 제품의 카피 만들기 183
Think Box 연결과 융합의 눈을 뜨기 위한 생각거리 190

감성의 끝에 서기 4
역발상의 눈 뜨기
오역법

외딴집도 소란스러울 수 있다 195
동사나 형용사를 뒤집어라 199
마음을 뒤집으면 새로움이 보인다 213
Think Box 역발상의 눈을 뜨기 위한 생각거리 218

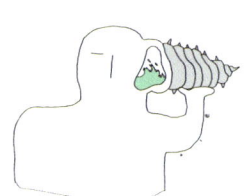

3부
시인들의 창조법 활용하기

사물의 마음을 보는 연습 1
오감을 열면 감성의 눈이 떠진다
오감법 228

사물의 마음을 보는 연습 2
관찰하면 사물의 마음이 보인다
오관법 238

사물의 마음을 보는 연습 3
유사점을 찾으면 아이디어가 떠오른다
오연법 250

사물의 마음을 보는 연습 4
새로운 콘셉트는 역발상에서 나온다
오역법 262

에필로그 감성의 끝에 서서 272

1부

한 번도 가보지 않은 땅, 사물의 마음 보기

새로움을 보는 법 1

간절함의 눈을 떠라
당신의 눈을 잘 쓰는 법

보이지 않는 것을 보고, 남들과 다르게 보기

안녕하세요.
저는 당신을 놀라운 창조의 세계로 이끌고 갈 '안내자'입니다.
부족하지만 정성을 다해 '보이지 않는 세계'로 당신을 안내하겠습니다.
신세계로의 여행에 앞서 몇 가지 주의사항이 있습니다.

- 믿어야 보인다 : 저를 믿고 따라오십시오.
- 미쳐야 보인다 : 보이지 않는 것을 보려는 간절함을 가져주십시오.
- 웃어야 보인다 : 즐거운 마음으로 따라와주십시오.
- 해봐야 보인다 : 3부에서 제공되는 연습문제를 꼭 실행해주십시오.
- 함께해야 보인다 : 혼자보다는 주위 분들과 함께 해보십시오.
  더욱 새로운 것을 볼 수 있을 것입니다.

저를 따라오면 생각보다 큰 기쁨을 얻을 수 있다는 점을 미리 말씀드립니다.

- 당신이 하는 모든 일을 '새로운 관점'에서 바라보고 새롭게 만들 수 있습니다.
- 시와 친구가 되고 '시인의 마음'을 가질 수 있습니다.
- 무엇보다 세상을 보는 '감성의 눈'이 활짝 열립니다.

자, 그럼 새로움을 보는 세계로 함께 떠나보겠습니다.

누군가 이런 말을 했습니다.
내가 만약 대학교의 총장이 된다면,
"전공 불문하고 모든 학생들이
반드시 들어야 할 필수 과목을 하나 만들 것이다."

그리고 과목의 이름도 정해놓았습니다.
그 과목의 이름은 다음과 같습니다.

'당신의 눈을 잘 쓰는 법 How to use your eyes'

그가 이런 과목을 만들고 싶어 한 이유는
우리가 눈을 잘 쓰는 방법을 알게 되면
아름답고 소중한 것을 놓치지 않음으로써
행복한 시간을 보낼 수 있고,
쉽게 보이지 않는 것과 다른 사람이 보지 못하는 것을 봄으로써
세상을 더욱 놀랍고 새로운 곳으로 만들 수 있을 거라는
생각에서였을 것입니다.

이 같은 과목을 만들겠다고 말한 사람은 누구일까요?
그분의 이름은 바로 '헬렌 켈러Helen Keller'입니다.

처음에 저는 이 이름을 듣고 깜짝 놀랐습니다.
잘 아시는 것처럼 헬렌 켈러는
보지도 듣지도 말하지도 못하는 '3중 장애인'입니다.

앞도 못 보는 사람이
앞을 훤히 보고 있는 우리에게
반드시 '당신의 눈을 잘 쓰는 법'이라는 과목을
수강해야 한다고 말한 것입니다.
그녀는 왜 그런 생각을 했을까요?

우리 모두가 '눈은 있지만 정작 어떻게 써야 잘 쓰는 것인지를
모르는 것이 확실하다'고 믿었기 때문은 아니었을까요?

세계적인 잡지 〈리더스 다이제스트〉는
1931년 발표된 헬렌 켈러의 수필
『사흘만 볼 수 있다면 Three days to see』을
20세기 최고의 수필로 선정했습니다.
그 수필에는 헬렌 켈러가 왜 그런 과목을
만들려고 했는지에 대한 이유가 담겨 있습니다.

아무 것도 볼 수 없는 저는
단지 감촉感觸을 통해서도 나를 흥미롭게 해주는
수많은 것들을 발견합니다.

저는 잎사귀 하나에서도 정교한 대칭미를 느낍니다.

저는 손으로 은빛 자작나무의 부드러운 표피를
사랑스러운 듯 어루만지기도 하고
소나무의 거칠고 울퉁불퉁한 나무껍질을 쓰다듬기도 합니다.

봄이 되면 긴 겨울잠을 깨고 나오는 자연의 첫 번째 몸짓인
새싹과 새순을 찾아보려는 희망으로
저는 나무줄기들을 더듬어봅니다.

(……)

제게 있어서 계절이라는 꽃수레는
너무나 떨리는 끝이 없는 드라마이며
그 활기찬 흐름은 저의 손가락 끝을 스치며 지나갑니다.

때때로 이런 모든 것들을 너무나도 보고 싶은 열망에
제 가슴은 터질 것만 같습니다.

단지 감촉을 통해서만도 이처럼 많은 기쁨을 얻을 수 있는데,
만약에 볼 수만 있다면 얼마나 더 많은 아름다움을 발견할 수 있을까요!

생후 19개월 무렵 병으로 시각과 청각을
모두 잃은 헬렌 켈러가 볼 수 있는 유일한 방법은
만지는 것, 바로 촉각뿐이었습니다.

두 손으로 나뭇잎을 만지면
감촉만으로도 정교한 대칭미의 아름다움을 느낄 수 있었고,

꽃잎을 더듬으면
그 어떤 것과도 비교할 수 없는
멋진 부드러움을 느낄 수 있었으며,

또 꽃잎 하나하나의 포개짐을 만짐으로써
자연이 주는 경이로움을 온몸으로 느낄 수 있었습니다.

그녀는 생각했습니다.
'단지 촉감만으로 보아도 세상에는
이렇게 아름답고, 놀랍고, 감동을 주는 것들이 많은데,
만약 눈으로 볼 수만 있다면
얼마나 더 큰 기쁨과 감동을 받게 될까?'

그래서 그녀는 자신의 눈으로 직접 세상을 보고 싶은 열망에
때때로 가슴이 터질 것 같은 아픔을 겪었다고 합니다.

어느 날 헬렌 켈러는,
한참 동안 숲속을 산책하고 돌아온 친구에게
무엇을 관찰하고 왔는지 물었습니다.
그러자 친구는 이렇게 대답했습니다.

"별로 특별한 것이 없었어Nothing in particular."

헬렌 켈러는 친구의 말이 도무지 믿기지 않았습니다.
몇 시간이나 숲속을 산책하면서
눈여겨볼 만한 아무런 가치도 발견하지 못하다니,
어떻게 그럴 수가 있을까요.

곰곰이 그 이유를 생각한 헬렌 켈러는 비로소 깨달았습니다.

'눈으로 볼 수 있다는 것이
오히려 많은 것을 보지 못하게 한다'는 것을.

그래서 그녀는 생각했습니다.
사람들이 단 며칠만이라도
눈이 보이지 않고 귀가 들리지 않게 된다면

그것은 그들 모두에게
하나의 커다란 축복이 될 것이라고 말입니다.

'어두운 암흑'은 볼 수 있다는 것이
얼마나 감사한 일인지를 알게 해줄 것이고,
'고요한 정적'은 들을 수 있다는 기쁨이
얼마나 큰 것인지를 가르쳐줄 테니까요.

그래서 그녀는 만약 내가 대학교의 총장이 된다면
'당신의 눈을 잘 쓰는 법'을
필수 과목으로 만들겠노라고 결심했습니다.

세상 사람들은 더할 나위 없이
아름답고 놀랍고 빛나는 세상을 볼 수 있는
'축복의 두 눈'을 가지고 있음에도 불구하고,
그 축복이 얼마나 인생을 풍요롭고
충만하게 만드는지 모른다는 것을 알았기 때문입니다.

헬렌 켈러는 세상 사람들 모두가
더 행복한 삶을 살 수 있도록 진심으로 도와주고 싶었습니다.
그 마음으로 '당신의 눈을 잘 쓰는 법'이라는
과목을 만들고자 했던 것입니다.

그녀가 이 과목을 만드는 데 성공했더라면
지금쯤 세상은 훨씬 더 따뜻하고 살 만했을지 모릅니다.

하지만 총장이 되지 못해서인지
그 과목은 끝내 만들어지지 않았습니다.

그래서 생각해봤습니다.
'내가 그 과목을 만들 수는 없을까?'
그리고 '내가 그 과목을 만든다면 어떻게 해야 할까' 하고 말입니다.

소설가 마르셀 프루스트는
"진정한 발견은 새로운 땅을 찾는 것이 아니라
새로운 눈을 갖는 것"이라고 말했습니다.

당신도 새로움을 찾아내는 창조와 혁신의 눈을 갖고 싶지 않나요?
헬렌 켈러가 알려주고 싶었던 바로 '그것' 말입니다.

나는 보기 위해 눈을 감는다

보이지 않는 것을 본다는 것이 무엇인지를
알려주는 흥미로운 이야기 하나를 소개할까 합니다.
어느 TV 프로그램에서 인기 있는 맛집의 비결을
취재해 방송한 적이 있습니다.

면발이 쫄깃하고 맛있기로 유명한 어느 짜장면 가게를 찾아간 제작진은,
주인에게 대체 그 비결이 무엇인지 물었습니다.

주인은 자신만의 비법을 넘어 영업 비밀이라며
절대 공개할 수 없다고 버텼습니다.

그러자 제작진은 "사장님만의 비법을 소개해주면
그것으로부터 많은 사람들이 영감을 얻게 될 것이다"라고
집요하게 주인을 설득했습니다.
수많은 자영업자들에게 희망의 빛이 될 수 있다면서 말이지요.

제작진이 끈질기게 설득하자
주인은 마지못해 비밀을 공개하기로 결심하고
제작진을 반죽실로 데려갔습니다.

엄청난 기대감을 안고 반죽실로 들어간 제작진은
그만 당혹감에 빠졌습니다.
반죽실이 밀폐된 깜깜한 방이었기 때문입니다.
제작진이 반죽실의 불을 켜려고 스위치를 올려보았지만
불은 켜지지 않았습니다.

그러자 주인은 암전된 반죽실이
바로 맛있는 면발의 비결이라는 뜻밖의 말을 던졌습니다.

설명하자면 이렇습니다.
반죽을 할 때는 쫄깃쫄깃하면서도 탱탱한
면발을 만드는 것이 가장 중요한 포인트인데

불을 켜고 눈으로 보면서 반죽을 하면
'반죽의 절대점 Moment of Truth'을 찾을 수 없다는 것입니다.

그래서 자신이 몇 년 동안 고심한 끝에 찾아낸 비법은
눈으로 보지 않고 손의 촉감만으로 오감을 집중시켜
반죽의 최적점을 찾아내는 것이라고 합니다.

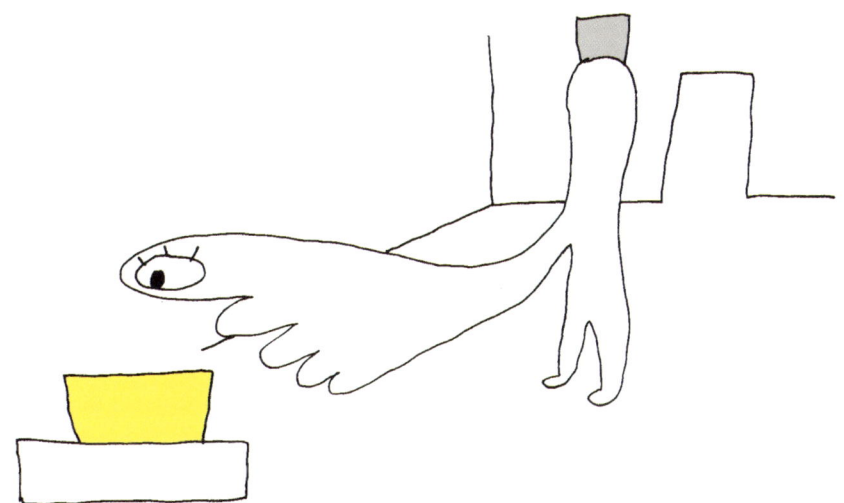

촉감을 통해 보이지 않는 것을 보는 것,
들리지 않는 반죽의 미세한 기포 소리에 귀 기울이는 것,
오감과 공감각을 총동원하여 최적점을 찾아낸 것이지요.

반죽의 비밀은 바로 눈으로 보는 것이 아니라
오감으로 보는 데 있었습니다.
주인은 이어서 이렇게 말했습니다.

"당신이 만약 남들이 보지 못하는 특별한 것을 보고 싶다면
오감의 눈을 뜨십시오."

저는 이 이야기를 듣고 화가 폴 고갱의 말
"나는 보기 위해서 눈을 감는다"
이 말이 어떤 의미인지 조금은 알 것 같았습니다.

보기 위해 눈을 감는다는 것.
이 얼마나 놀라운 역설인지요.
육체의 눈을 감고 마음의 눈으로 보아야만
진정으로 볼 수 있다는 뜻이겠지요.

두 눈을 감고
이 세상에서 가장 소중한 것이 무엇인지를 생각해보세요.
또 당신이 이 세상에 선사하고 싶은 것이

무엇인지도 한번 생각해보세요.
그리고 오늘 하루 가장 기뻤던 순간과
가장 아쉬웠던 일을 생각해보세요.
마음의 눈으로 바라보면서 말입니다.

간절함이 보이지 않는 것을 보이게 만든다

이번엔 어느 분식점의 이야기입니다.
이 집은 독특한 맛의 '라볶이'로 정평이 나 있었습니다.
하지만 이 집 역시 맛의 비밀을 알아내기가 쉽지 않았습니다.

그럼에도 계속해서 라볶이 가게를 운영하는
주인 할머니를 설득하자 할머니는 주방에서
이름 모를 '마법의 가루'를 들고 나왔습니다.
그리고 할머니는 이 가루를 발견해낸 사연을 전해주었습니다.

할머니에게는 '명품 라볶이'를 만들고 싶은 간절한 소망이 있었습니다.
어떻게 하면 맛있는 양념을 만들 수 있을지 고민하던 어느 날,
우연히 탁자 위에 있는 '신라면'을 보게 되었습니다.

그 순간, '신라면'은 한국 사람이라면
누구나 좋아하는 라면계의 명품이니 이 스프 안에

그 비결이 있을지도 모른다는 생각이 들었습니다.

그래서 할머니는 그 스프를 탁자에 뿌려놓고
가루 하나하나의 맛을 느끼고 색깔을 확인하며
고춧가루, 마늘, 파 등의 재료를 분석하기 시작했습니다.

그런데 아무리 들여다봐도 도무지 그 정체를 알아낼 수 없는
까무잡잡한 가루들이 있었습니다.

"도대체 이 가루들은 뭐지?"

여러 차례 맛을 보고 연구한 결과, 마침내 답을 찾아냈습니다.
혁신의 영감을 가져다준 가루의 정체는 표고버섯을 말린 것이었습니다.

감칠맛의 비결이 바로 표고버섯 가루에 있었다는 사실을
알아낸 할머니는 그때부터 자신의 라볶이에
직접 특별 제조한 표고버섯 가루를 넣기 시작했습니다.

결과는 아주 놀라웠습니다.
할머니표 라볶이를 먹어본 사람들은 그 독특한 맛을 잊을 수 없다면서
또다시, 그리고 또다시 할머니 가게를 찾았습니다.
'라볶이계의 신라면'을 만들겠다는 할머니만의 뜨거운 간절함이
미세한 스프 가루 하나하나를 분석하고 맛보게 만들었던 것입니다.

보고자 하는 간절함이 있어야 눈이 떠집니다.
그리고 그 간절함이 보이지 않는 것을 보게 만듭니다.

'당신의 눈을 잘 쓰는 법'의 열쇠는
육체의 눈을 감고 간절함의 눈으로 세상을 보는 것입니다.
당신은 지금 간절함의 눈을 뜨고 있나요?
가슴 속에 간절한 소망의 촛불을 뜨겁게 밝히고 있나요?

새로움을 보는 법 2

일체화를 하라
대추 한 알과의 만남

대추 안에서 초승달을 보는 시인의 눈

저는 헬렌 켈러가 못다 이룬 꿈,
'당신의 눈을 잘 쓰는 법'이라는 필수 과목을 대신 만들기 위해
고민하고 또 고민했습니다.

그러던 중 한 편의 시와 운명적인 만남을 갖게 되었습니다.

   대추 한 알
   / 장석주

   저게 저절로 붉어질 리는 없다
   저 안에 태풍 몇 개
   저 안에 천둥 몇 개
   저 안에 벼락 몇 개

   저게 혼자서 둥글어질 리는 없다

저 안에 무서리 내리는 몇 밤
저 안에 땡볕 두어 달
저 안에 초승달 몇 날

이 시가 저에게 운명적으로 다가온 데는 이유가 있습니다.
저도 가끔 대추를 보기는 합니다만,
제 눈은 대추 안의 속살과 씨 정도를 겨우 짐작할 뿐입니다.
먹어본 경험이 있으니까요.

그런데 시인들은 어떻게 대추 안에 있지도 않은
태풍과 천둥, 벼락, 그리고 무서리와 땡볕,
심지어 초승달까지도 볼 수 있을까요?

제가 이 시를 만났을 때 가졌던 핵심 질문이 바로 이것입니다.
저는 장석주 시인의 그 비결이 궁금한 나머지
여러 시인들을 찾아가 물었습니다.

"대체 시인들은 어떻게 대추 속에
있지도 않은 태풍을 볼 수 있는 거죠?"

그러자 아니나 다를까 깜짝 놀랄 만한 대답이 돌아왔습니다.
저는 시인들이 오랜 세월 동안 축적해온 그들만의
독특한 방법이 있다는 사실을 비로소 알게 되었습니다.

대추 안에서 초승달을 볼 수 있었던 비결은
바로 '일체화一體化'라는 세 글자였습니다.

'일체화'라는 단어를 듣는 순간 저는 놀라지 않을 수 없었습니다.

경영의 세계에서 어디까지 가보았느냐고 묻는다면
'역지사지易地思之'까지는 가보았다고 말할 수 있습니다.
상대방의 입장이 되어보려고 하는 단계까지 말입니다.
하지만 시인들은 역지사지에서 멈추지 않고,
그보다 훨씬 더 먼 곳까지 나아간다는 놀라운 사실을 알게 된 것입니다.

시인들은 상대방의 입장이 되어보는 정도가 아니라
자신이 곧 '그것'이 됩니다.
우리가 사는 세상 끝까지 가봄으로써
벽이 되고, 하늘이 되고, 구름이 되고, 바람이 되고, 대추가 되는 것입니다.

"혹시 여러분 중에 대추가 되어본 적이 있으신 분
손들어보시겠습니까?"

오프라인에서 강연을 하면서 수없이 던지는 질문입니다.
하지만 아직 대추가 되어본 사람은 만나지 못했습니다.
시인들이 세상을 보는 법은 이처럼 매우 특별합니다.

우리는 대추 한 번 되어본 적이 없는데
그들은 눈만 뜨면 꽃이 되고, 물이 되고, 산이 됩니다.

만약 그들이 직장에 다닌다면,
끊임없이 자신이 만드는 제품이 되고, 서비스가 되고,
원료가 되고, 기계가 되고, 고객이 될 것입니다.

이처럼 시인들은 상대방의 입장이 되어보는 정도를 넘어
'그것'이 됨으로써 세상을 새롭게 바라봅니다.

이제와 생각해보니 그것을 가능하게 한 건,
바로 일체화라는 놀라운 관점이 있었기 때문입니다.
우리가 한 번도 가져보지 않은
독창적이고 깊이 있는 관점 말입니다.

일체화는 곧 발상의 전환

이쯤 되자 저는 좀 더 깊이
일체화 속으로 들어가보고 싶어졌습니다.
그 안으로 깊이 파고들면
왠지 새로운 세상과 만날 수 있을 것 같아서였습니다.
그러다가 일체화를 잘 보여주는 시 한 편을 만났습니다.

풀잎으로 나무로 서서
/ 이성선

내가 풀잎으로 서서 별을 쳐다본다면
밤하늘 별들은 어떻게 빛날까.
내가 나무로 서서 구름을 본다면
구름은 또 어떻게 빛날까.

내가 다시 풀잎으로 세상을 본다면
세상은 어떤 모습으로 비칠까.
내 다시 나무로 서서 나를 본다면
나는 진정 어떤 모습으로 세상으로 걸어갈까.

내가 별을 쳐다보듯 그렇게 어디선가
풀잎들도 별을 쳐다보고 있다.
내가 나무를 바라보듯 그렇게 어디선가
나무도 나를 보고 있다.

당신은 풀잎이 되어본 적이 있나요?
풀잎으로 서서 밤하늘의 별을 본 적이 있나요?
그리고 나무가 되어 세상을 바라본 적이 있나요?

보이지 않는 것을 보고, 새로운 것을 보는 방법이 일체화라면
그럼 어떻게 해야 일체화를 할 수 있을지 궁금했습니다.

만약 당신이 대추가 되려 한다고 가정해보세요.
"나는 이제부터 대추야!"
이렇게 마음만 먹으면 그것이 곧 일체화일까요?

저는 이것이 일체화가 아님을 몇 달이 지나서야 깨달았습니다.
내가 대추가 된다는 것은 그렇게 말로 되는 일이 아니었습니다.

내가 대추가 된다는 것은
내 삶을 몽땅 다 가지고 대추 속으로,
대추가 처해 있는 상황 속으로 들어가는 것이었습니다.

이를테면 우리의 삶에는 기승전결과 우여곡절이 담겨 있습니다.
천진난만하던 개구쟁이 시절과 이유도 모른 채 방황하던 사춘기 시절,
푸른 꿈을 안고 비상을 꿈꾸던 청년 시절과
가족 부양과 생활고에 시달리는 중년의 삶.

기쁘고 아름다운 순간도 많았지만
동시에 좌절과 아픔도 겪어야 했던
부침과 우여곡절의 인생 말입니다.

이런 내 삶의 우여곡절을 끌어안고
대추 속으로 들어가면 비로소 대추의 삶 속에도
기승전결과 우여곡절이 존재한다는 데에 생각이 미칩니다.
이제껏 보지 못했던 대추의 삶이 보이기 시작하는 것입니다.

곰곰이 생각해보니 이 대추 녀석도
연둣빛의 작은 알맹이로 태어나 붉고 굵은 성인이 될 때까지
태풍과 천둥, 벼락 등의 혹독한 시련을 온몸으로 겪으며
차디찬 무서리와 땡볕 속 더위,
그리고 초승달 같은 외로움을 꿋꿋이 참아냈습니다.

일체화를 해보니 대추도 우리처럼 변화무상한 세월의 파도 속에서
굴곡진 생을 살아온 존재임을 알게 됩니다.
일체화 덕분에 보이지 않던
대추의 일생과 대추의 외로움까지 보게 된 것이지요.

사실 시인들은 이미 오래전부터
이렇게 사물의 마음을 들여다보며 살아왔습니다.

살랑거리는 봄바람의 마음을
덧없이 흘러가는 저 구름의 마음을
요란하게 바위를 때리는 파도의 마음을
그리고 매서운 눈보라 속에서도
꽃을 피우는 매화의 마음을 말입니다.

당신은 바다가 되어본 적이 있나요?

태안반도에서 들었다
/ 정일근

소라 구멍에 귀를 가져다 대면 소라가 전하는 바다의 말

야이이이이이이이개새끼들아아아아아아아아……

어떤가요? 놀라운 상상력 아닌가요?
정일근 시인이 태안반도에서 들은 것은
바로 바다가 보내온 욕설이었습니다.

그렇다면 시인은 어떻게 바다가
욕을 하는 것을 알았을까요?
바로 그 자신이 바다가 되었기 때문입니다.

그래서 바다가 전해오는,
그 누구도 듣지 못한 바다의 소리
"야이이이이이이개새끼들아아아아아아아……"를
들을 수 있었던 것입니다.

일체화에 대해 어느 정도 감이 잡히나요?

일체화라는 이 엄청난 비법을
우리의 삶 속으로 가지고 들어가
이를 적극적으로 이해하고 활용한다면
분명 생각지도 못한 놀라운 발상의 전환이
이루어질 것이라고 확신합니다.

당신은 바다가 되어본 적이 있나요?
당신이 만든 제품이 되어본 적이 있나요?

당신이 제공하는 서비스가 되어본 적이 있나요?

많은 사람들이 늘 고객의 입장이 되어보려고 애씁니다.
하지만 안타깝게도 스스로 제품이 되어보고
서비스가 되어본 사람은 거의 없는 듯합니다.

이제 당신 스스로 제품이 되고 서비스가 된다면
당신은 이제껏 한 번도 듣지 못한
제품의 속삭임을 또렷하게 듣게 될 것입니다.

어떻게 그런 일이 가능하냐고요?
바로 다음 장에서 그 방법을 알려드리겠습니다.

새로움을 보는 법 3

사물의 마음을 보라
붕어빵이 되다

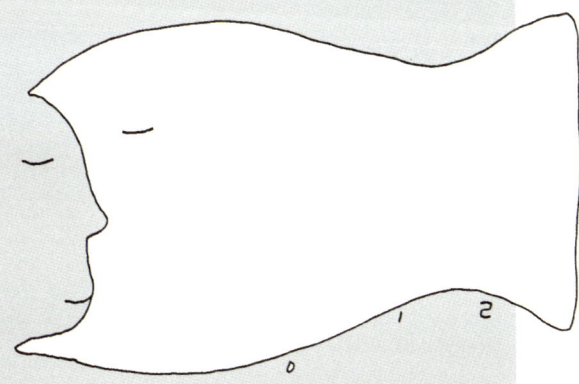

한 입 위로되고 싶은 붕어빵의 마음

어떻게 하면 일체화를 통해 남들과 다르게
세상을 바라보는 시인의 눈을 가질 수 있을지 고민하던 중,
얼마 전 운 좋게도 아주 특별한 경험을 하게 되었습니다.
이 재미있는 경험이 당신에게도 도움이 될 것 같아
소개해드리려고 합니다.

지난해 봄, '마이동풍' 모임 친구들과
1박 2일 일정으로 골프여행을 갔습니다.
'마이동풍' 하면 얼핏 떠오르는 사자성어가 있지요.
죄송하지만 이 모임의 이름은 그 뜻과는 사뭇 다릅니다.
그 뜻이 뭐냐 하면……
'마이를 살 때는 동생까지 입을 수 있도록 풍덩한 것을 고른다'입니다.

어릴 적, 어머니들은
우리에게 언제나 한 치수 큰 옷을 사주셨지요.

하루가 다르게 몸이 쑥쑥 자라기도 하고, 옷을 물려받을 동생이
형보다 덩치가 더 커질지도 모르기 때문이었습니다.

우리가 모임 이름을 이렇게 정한 것은
'마이동풍'의 그 마음 씀씀이가 좋아서였습니다.
지금 내가 조금 손해를 보더라도
모두를 위해 참고 양보한다는 '마이동풍' 정신 말입니다.

다시 여행 이야기로 돌아가겠습니다.
그런데 하필이면 그날은 봄인데도 불구하고
바람이 태풍처럼 몰아쳐 몹시 추웠습니다.

옷을 여러 벌 껴입었는데도 어찌나 춥던지
모두들 오들오들 떨며 운동을 했습니다.
비싼 비용을 들여 어렵게 시간을 잡은 것인데
날씨가 너무 추운 탓에 재미는커녕
운동할 맛조차 나지 않았습니다.

아쉽고 서운한 마음을 안고 그늘집(휴게실)에 들어서자
뜻밖에도 그곳에서 '붕어빵'을 무료로 구워주고 있었습니다.

추위에 오들오들 떨다가 들어간 실내에서 맞이한
생각지도 않은 뜨끈뜨끈한 '공짜 붕어빵'이라니!

우리는 뜨끈하고 바삭하고 달콤한 붕어빵을
게 눈 감추듯이 먹어치웠습니다.

아, 그 순간의 행복이란! 하나 더 먹고 싶은 마음에
체면도 불사하고 한 번 더 줄을 섰습니다.
앞사람 어깨 너머로 붕어빵을 굽는
아주머니의 손끝을 따라다니며 구워지는 붕어빵을 지켜보았습니다.

그러자 이전에는 관심도 없던 붕어빵의 모습이
그날따라 현미경으로 확대라도 한듯 아주 크게 눈에 들어왔습니다.
시뻘겋고 뜨거운 불길이 자신의 온몸을 지지고 있는데도
붕어빵은 꼼짝하지 않고 견뎠습니다.

'무척 뜨거울 텐데, 이 녀석은 왜 이렇게 꾹 참고 있을까?'

자연스레 붕어빵의 심정을 생각해보게 되더군요.
알 듯도 하고 모를 듯도 해서
그 녀석에게 물어보기로 했습니다.

"붕어빵아, 너는 왜 그 뜨거운 불꽃을 꾹 참고만 있니?"

처음에는 대답하지 않던 녀석이
제가 자꾸 물으니 마침내 입을 열었습니다.

저는 그날 제가 들은 붕어빵의 대답을
글로 적어 친구들에게 보여주었습니다.

붕어빵

앗, 뜨거!

빠알간 불꽃이
숨을 멈추게 하고

뜨거운 쇠가
온몸을 지져도

붕어빵 한 마리는
이빨 악물고 참는다

한 입 위로되고 싶어서
한 조각 희망되고 싶어서

그러자 친구들의 반응이 폭발적이었습니다.
"아니, 네가 언제부터 이렇게 시를 썼어? 제법인데!"

제 글을 본 사람들이 저에게 "시를 쓸 줄 안다"며
생각지도 않은 칭찬을 해주었습니다.

저는 그저 제 눈에 비친 붕어빵의 마음이
추위에 오들오들 떨고 있던 사람들에게
한 입 위로가 되고
새로운 도전을 시작해야 할 사람들에게
한 조각 희망을 주고 싶은 것처럼 느껴져서
그 마음을 옮겨 적었을 뿐인데,
친구들이 저에게 "시를 썼다"며 칭찬을 해주는 것이었습니다.

그때 저는 불현듯 깨달았습니다.

아, 시가 따로 있는 것이 아니구나.
'붕어빵의 마음을 보는 것이 바로 시'구나.
'사람과 자연의 마음을 보는 것이 시'구나 하고 말입니다.

시란 사물의 마음을 보는 것

그날 제가 얻은 통찰은
'시는 사물의 마음을 보는 것'이었습니다.
그러고 나니 그동안 쉽사리 풀리지 않던
궁금증이 모두 풀리기 시작했습니다.

'어떻게 하면 시인들의 세계를 사람들에게
좀 더 쉽게 전달할 수 있을까'에 대한 해답이
제 옆으로 한 발 더 가까이 다가온 듯했습니다.

콜럼버스의 달걀처럼 발상의 전환이 이루어진 것입니다.
시와 시인들이 살갑게 제 마음 안으로 들어와
함께 놀기 시작했습니다.

시인들이 세상을 바라보는 방법이
즉 '사물의 마음을 보는 법'이라는 것을 알고 나니

어떻게 사람들에게 전해야 할지, 그 길이 조금씩 보이기 시작했습니다.

저는 그때부터 눈앞에 보이는
사물의 마음을 읽어보려고 했습니다.

사물의 마음은 동사나 형용사로 표현할 수 있지요.
그렇게 중요한 임무를 담당할 동사(형용사)이니 만큼
거기에 특별한 이름을 부여했습니다.

그 이름은 '마음 DO'입니다.
마음을 나타내는 동사(형용사)라는 뜻입니다.
조금 유치하긴 해도 이렇게 특별한 이름을 붙여주어야
쉽게 기억할 수 있을 것 같아서입니다.

'마음 DO'는 곧 나의 마음이자
대상의 마음인 셈입니다.

그렇다면 앞에서 본 붕어빵의 '마음 DO'는 무엇일까요?
'한 입 위로되고 싶다', '한 조각 희망되고 싶다'입니다.

어떻게 하면 사물의 '마음 DO'를
더 잘 찾을 수 있을까 고민하던 어느 날,
우연히 인터넷에서 아주 기가 막힌 시를 마주하게 되었습니다.

초등학교 6학년 어린이가 쓴 시인데,
어떤 사물에 관한 시인지 한번 맞춰보세요.

저주

온통 하얀색으로 도배된 방에
하얀 옷과 갈색 바지를 입은
20개의 생명이
앉지도 못하고 빈틈없이 서 있다.

하루에 몇 번씩 방이 기울어지고
생명들이 방을 떠난다.
이제 내 차례다.
방이 기울어지고 나는 방밖으로 나갔다.

아! 내 몸에 불이 붙는다.
내 몸이 타들어간다.
엄청난 고통 속에서 나는 다짐한다.
내가 사라지는 대신 너를 저주할 거라고……

시에서의 '나'는 과연 무엇일까요? 짐작이 가시나요?
이 학생이 쓴 소재, 즉 '나'는 바로 '담배'입니다.

담배와 자신을 일체화하여 학생이 찾은 '마음 DO'는 무엇일까요?
바로 '저주한다'입니다.
불에 타들어가 고통스럽게 사라진 자신의 마음을 '저주'로 표현한 것입니다.

'갈색 바지'는 아마도 담배의 필터를 뜻하는 모양입니다.
방이 기울어질 때마다 생명들이 하나씩 사라집니다.
그러다 나도 네모난 방에서 나가야 할 차례가 되었습니다.

그런데 나를 꺼낸 사람이 내 몸에 불을 붙입니다.
내 몸이 타들어갑니다. 고통이 밀려옵니다.
그 고통 속에서 죽어가며 나는 다짐합니다.
결코 너를 그냥 두지 않겠다고.

이 아이는 아마도 아빠가 담배를 피우는 모습을 관찰하고는
자신이 곧 담배가 되어 그 마음을 읽었을 것입니다.
그 결과 이런 독창적인 생각을 할 수 있는
새로운 관점을 갖게 되었을 테고요.

이처럼 사물의 마음을 보는 것은 우리가 한 번도
가보지 않은 땅이자, 우리가 한 번도 해보지 않은 일입니다.

막상 혼자서 해보려면 처음에 무척 막막할 수 있습니다.
하지만 두세 명이 같이한다면 이것처럼 쉬운 일이 또 없습니다.

여러 사람의 관점에서 다양한 시각을 모으다 보면
생각지도 못한 '마음 DO'를 더 많이 찾아낼 수 있기 때문입니다.

이렇게 여럿이 함께 아이디어를 내는 것을
'그룹 지니어스Group Genius'라고 합니다.
여럿이 함께 하면 누구나 천재적인 생각을 할 수 있습니다.

대찬 바람이 불던 그날, 붕어빵의 마음을 만나던 그날,
저는 또 하나의 작은 발견을 했습니다.

사물의 마음을 보는 것을 비즈니스에도
충분히 적용시킬 수 있겠다고 생각한 것입니다.

만약 제가 쓴 붕어빵에 관한 시를 인쇄해
'짠' 하고 판매대 기둥에 매달아놓으면
조금이라도 사람들의 눈길을 사로잡을 수 있지 않을까요?

추위에 떨며 바쁘게 걸어가던 사람들이 우연히 그 시를 보고는
"어라? 붕어빵이 아니라 위로와 희망을 파는
제법 의식 있는 붕어빵 장수네?" 하며
한 개 살 것을 두 개 사고,
한 봉지 살 것을 두 봉지 사지는 않을까요?
이 붕어빵 장수는 여느 붕어빵 장수와 달리

감성적으로 사람들과의 공감을 시도했기 때문입니다.
붕어빵의 마음을 통해 사람들의 마음과 만난 것이지요.

이것이 바로 사물의 마음이 가지고 있는
감성의 힘, 공감의 힘이 아닐까 생각합니다.

우리가 만드는 제품의 마음을 보고
우리가 제공하는 서비스의 마음을 볼 수 있다면
그것이 바로 창조와 혁신으로 향하는
'초월의 길'로 들어서는 것입니다.

이처럼 사물의 마음을 제대로 읽은 덕에
이를 상품화해서 성공을 거둔 사례가 있지 않을까
한번 찾아보았습니다.

그때 번쩍 하고 눈에 들어온 것이
바로 '오리온 초코파이'입니다.

'초코파이' 하면 무엇이 먼저 생각나나요?
모두들 머릿속에 '정情'을 떠올릴 것입니다.

원래 '초코파이'와 '정'은 아무 상관이 없었습니다.
그러던 어느 날 TV 광고에 초코파이가 등장합니다.

시골 분교로 보이는 초등학교 교실,
한 여학생이 엄마 치마 뒤에 숨어
이제 그곳을 떠나는 선생님에게 수줍게 손을 내밉니다.
그 손 안에는 초코파이 하나가 들려 있습니다.
그리고 노래가 흐릅니다.

   말하지 않아도 알아요
   오리온 초코파이
   '정'

과자와 '정'이 만나 뭉클한 감동을 만들어내자
초코파이는 박스로 팔려나가기 시작했습니다.
아마도 정을 나누려는 사람들의 구매욕이 작동한 것은 아닐까요?

초코파이는, 제품의 질이 좋았던 것은 물론이고
'정'을 주제로 한 캠페인으로 더 큰 성공을 거두었습니다.

이는 남들이 보지 못하는 사물의 마음,
'정'이라는 초코파이의 마음을 보았고
그 마음을 고객에게 고스란히 전달했기에 가능한 일이었습니다.

한낱 과자에 불과한 초코파이에
'정'이라는 인성, 즉 마음의 옷을 입혔기 때문입니다.

그런데 안타깝게도 이런 훌륭한 전례가 있었음에도
그 뒤로 나온 수많은 과자들 중
제품의 마음을 잘 찾아 전달한 사례는 그리 많지 않습니다.

우리가 파는 제품 자체가 되어 그 마음을 읽고
그렇게 읽어낸 마음을 고객에게 진솔하게 전한다면,
끈끈한 감성의 끈, 공감의 끈, 이야기의 끈으로
고객과의 참된 교감을 이룰 수 있지 않을까요?
그리고 이것이 바로 새로운 비즈니스의 지평을
여는 계기가 되지 않을까요?

사물의 마음을 찾아라!

우리 주변에서 쉽게 볼 수 있는
제품들의 마음도 한번 찾아볼까요?

피곤한 직장인에게 힘이 되는 피로회복제인
'박카스'의 마음은 바로 '응원'입니다.
박카스는 피로에 지친 우리에게
때로는 아버지가 되어 등을 두드려주기도 하고
때로는 둘도 없는 친구가 되어 우정 넘치는 응원을 해주기도 합니다.

"아버님 댁에 보일러 놓아드려야겠어요"라는 광고를 기억하는지요.
이 광고의 주인공인 '경동나비엔 보일러'의 마음은 무엇일까요?
추운 겨울을 맞아 부모님을 걱정하는
자식의 따뜻하고 애틋한 마음일 것입니다.

그렇다면 유아용 '하기스 기저귀'의 마음은 무엇일까요?

아이의 엉덩이를 뽀송뽀송하게 지켜주고 싶은
엄마의 마음일 것입니다.

이렇게 주변에서 흔히 접하게 되는 여러 제품들의
마음을 읽다 보니 자연스럽게 깨닫게 되었습니다.
광고란 바로 제품의 마음을 보여주는 것이라는 진리를 말입니다.

그리고 한 발 더 나아가
이 세상에 시라는 것은 없구나,
마케팅이라는 것은 없구나,
상품 기획, 디자인이라는 것은 없구나
하는 것을 깨달았습니다.

사물의 마음을 보는 것이 시이고,
사물에 새 마음을 담는 것이 상품 기획이며,
사물의 마음을 사람들에게 전달하는 것이 마케팅이고,
사물의 마음을 형상화하는 것이 디자인임을 깨달았습니다.

그러면 이런 통찰을 실생활에 적용하려면 어떻게 해야 할까요?
사물의 마음을 보는 연습을 꾸준히 해야 합니다.

하지만 사물의 마음을 본다는 것이
말처럼 간단하고 쉬운 일은 아닙니다.

한 번도 되어본 적이 없는 사물이 되어야 하기 때문입니다.
내 인생을 몽땅 가지고 사물 속으로 들어가야 하기 때문입니다.

일체화를 많이 연습하면 더할 나위 없이 좋겠지만,
사실 무턱대고 혼자 연습하기는 쉽지 않습니다.

이해를 돕고 사물의 마음을 보는 상상력을 키우기 위해
다음 장에서 다 같이 사물의 마음을 보는 연습을 해보도록 하겠습니다.

새로움을 보는 법 4

사관질통하라
얘는 지금
무슨 생각을 하고 있을까?

소화기의 마음을 보면
새로운 소화기가 탄생한다

당신이 만약 카페를 운영하는 사장이라면
어떤 카페를 만들고 싶나요?

카페를 창업해 성공하려면 기존의 카페와는 다른
새로운 개념의 카페를 만드는 것이 관건이겠지요.
내 마음을 어떻게 카페에 담느냐에 따라
새로운 개념의 카페가 탄생할 수도 있고,
이미 존재하고 있는 비슷비슷한 유형의
그저 그런 카페가 될 수도 있습니다.

'내가 운영하는 카페가 손님들에게 어떤 공간이 되었으면 좋겠다'라는
당신의 마음이 카페 안에 투영되어야
새로운 카페가 탄생할 수 있습니다.

그래서 이 장에서는 직접 사물의 마음을 보는 법을 실습함으로써

새로운 제품을 만들어낼 수 있는 방법을 소개하려고 합니다.

실습 과제로 제시할 사물은 '소화기'입니다.
다음 그림을 한번 볼까요?

어느 평일의 낮 시간쯤으로 예상되는 지하철 안입니다.
지하철이 텅 비어 있네요.
사진을 보니 빨간 옷을 입은 소화기가 보입니다.
저 소화기의 마음을 한번 들여다볼까요?

그러려면 앞서 배운 일체화를 통해
우리가 먼저 소화기가 되어야겠지요.

소화기가 된다는 것은
"나 지금부터 소화기야"라고 생각한다고 해서 되는 일이 아니라고
앞에서 일러두었던 점을 기억하세요!

소화기가 되려면,
첫째, 지금까지 살아온 내 삶의 모든 것을 가지고
소화기 속으로 들어가야 합니다.
둘째, 지금 소화기가 처해 있는 상황 속으로 들어가야 합니다.

자, 지금 소화기가 어떤 상황에 처해 있나요?

제가 보기엔 움푹하게 파인 벽장 안에 들어가 있는 것 같네요.
그리고 자신의 몸이 쇠로 만든 벨트에 고정되어 있군요.

또 천천히 살펴보니
소화기는 바닥에서 한 30센티미터 정도 높이로
까치발을 들고 서 있네요.

빨간 옷을 입은 소화기는
하루 24시간, 365일 내내 선 채로 근무를 하는 모양입니다.
눕지도 못하고, 앉지도 못하고 꼿꼿이 서서 말입니다.

그리고 저기 더 앞쪽 칸을 보니
흐릿하게 또 다른 소화기의 실루엣이 보입니다.

이 소화기는 저 앞쪽 칸에
친구 소화기가 있다는 사실을 알까요, 모를까요?
두 친구는 너무 멀리 떨어져 있어서 말을 붙일 수도 없고,
몸을 움직이지 못하니 서로에게 다가갈 수도 없습니다.
안타깝게도 서로에게 따뜻한 위로의 말 한마디
건넬 수 없는 상황에 처해 있군요.

자, 소화기가 처한 상황을 살펴보았으니
이제는 지금까지 살아온 내 인생을 몽땅 가지고
소화기 속으로 들어갈 차례입니다.

이 소화기가 지금까지 당신이 걸어온 인생과
똑같이 살아온 바로 '당신' 자신이라고 생각하는 것입니다.

그러면 이제 소화기의 마음을 읽어보겠습니다.
소화기의 마음을 읽으려면
아주 간단하지만 특별한 질문이 필요합니다.

"이 소화기는 지금 무슨 생각을 하고 있을까?"

스스로 소화기가 된 당신의 머릿속에 떠오르는 생각들을
위의 그림처럼 종이에 적어보세요.

소화기의 다양한 마음을 보았나요?
그 마음 중 하나를 골라 소화기가 왜 그렇게 생각했을지,
그것에 대해 떠올려보세요.

이해를 돕는 차원에서
제가 강의 중에 만난 많은 분들의 답변을 소개해볼까 합니다.

- 기도하고 있다. 아주 간절히 두 손 모아서.
왜? 오늘도 아무 사고 없이 하루가 지나가서
그 누구도 불행하지 않기를 바라니까.

- 기다리고 있다. 어금니 꽉 깨물고 심호흡하며.
왜? 내가 쓰임받는 그 순간이 오면 자신을 활활 태우려고.

- 관찰하고 있다. 두 눈에 불을 켜고.
왜? 혹시라도 위험한 일을 저지르는 사람이 있는지 보려고.

- 자리에 앉고 싶다. 너무너무 힘들어서.
왜? 하루 종일 서 있어서 다리가 아프니까.

- 고향 생각을 하고 있다. 눈물을 글썽이며.
왜? 친구들과 가족들이 그리워서.

- 밖으로 나가고 싶다. 뛸 준비를 하고.
왜? 지하철 속에만 갇혀 있다 보니 답답해서 바람 좀 쐬려고.

- 다른 색깔 옷을 입고 싶다. 옷을 들추며.
왜? 지겹도록 빨간 옷만 입어서 그만 입고 싶으니까.

- 신문이 보고 싶다. 두리번거리며.
왜? 오늘 어떤 일이 일어났는지 궁금하니까.

- 자신의 신세를 한탄한다. 한숨을 내쉬며.
왜? 아무도 자신을 보아주지 않고 무관심하니까.

- 성형수술을 받고 싶다. 뽐내듯 거울을 보며.
왜? 자신의 개성이 묵살된 천편일률적인 모양이 싫어서.

- 일상을 즐기고 있다. 평안한 표정으로.
왜? 오늘 낮에는 술주정꾼도 없고 시끄럽게 하는 사람들도 없어서.

- 자신이 쓸모없는 존재가 되기를 바란다. 간절한 마음으로.
왜? 내가 부산하게 어디론가 출동한다는 것은
화재가 생겼다는 것이고,
그러면 누군가 다치거나 눈물을 흘리게 되니까.

많은 분들의 다양한 생각을 통해
팔색조 같은 소화기의 마음이 도출되었습니다.
물론 여기에 더 재미있고 더 따뜻한 당신의 생각을 추가할 수 있겠지요.

소화기의 대표적인 마음을 몇 가지 살펴보면
내가 쓰임이 될 순간을 놓치지 않기 위해 두 눈 크게 뜨고 기다리는 마음과,
설혹 내가 쓰임이 되지 못하고 무용지물이 되더라도
아무도 다치지 않고, 아무도 눈물 흘리지 않고
평화롭게 오늘이 지나가기를 간절히 기도하는 마음도 있습니다.

그러면 이렇게 찾아낸 소화기의 마음이
새롭고 독창적인 소화기를 창조해내는 데 도움이 될까요?

이를 확인하기 위해 저는 지인들과
새로운 소화기를 만드는 데 도전해보기로 했습니다.

우리가 소화기 회사의 직원이라고 생각하고
이 세상에 둘도 없는 혁신적인
새로운 소화기를 만들 수는 없을까 하고 말이지요.
그러자 어떤 분이 이런 이야기를 꺼냈습니다.

"우리 집에도 사실 소화기가 있긴 한데,
항상 신발장 옆 구석에 놓아두니까 잘 생각나지 않아요.
그런데 원래 소화기는 거기 있으면 안 되는 거 아닌가요?
왜냐하면 집에서 가장 먼저 불을 꺼야 하는 곳은
사람과 재산이 있는 거실이나 안방이잖아요.
게다가 불을 많이 사용하는 주방은 불이 날 확률이 가장 높고요.

소화기를 거실이나 안방, 주방에 두는 게 맞는 것 같은데,
왜 엉뚱하게 현관 앞 구석에 놓아둘까요?"

이 이야기를 들으니 저도 문득 제 경험이 떠올랐습니다.
가스레인지에서 라면을 끓이다가 냄비에 불이 붙은 적이 있었거든요.
너무 놀라 빨리 불을 꺼야겠다는 생각에 주변을 둘러보았는데
불을 끌 수 있는 도구가 아무것도 없는 것입니다.

급한 마음에 보온용 장갑으로 허겁지겁 불을 덮으려다가
오히려 불이 더 번지는 상황이 되고 말았습니다.
다행히 불은 껐지만, 어찌나 놀라고 당황했는지
등줄기에 식은땀이 줄줄 흐를 정도였습니다.

사실 이렇게 당황했던 순간이 한두 번이 아닌데도
그때마다 소화기는 한 번도 제 옆에 있은 적이 없습니다.
소화기가 주방에 있었다면
훨씬 불을 빨리 제압할 수 있었을 텐데 말입니다.

왜 소화기는 거실이나 주방에 들어오지 못하는 것일까요?

곰곰이 생각해보니 소화기의 외모 때문인 것 같았습니다.
새빨갛고 커다랗고 투박한 생김새 탓에
깔끔하게 정돈되어 있는 집 안으로 들어올 수 없었던 것이지요.

그래서 저와 지인들은 어떻게 하면 소화기를 거실로
들어오게 할 수 있을지 함께 고민했습니다.
위에서 살펴본 소화기의 마음을 통해서 말이지요.

다른 누구도 아닌 소화기의 입장이 되어본다는 것은
우리가 평생 살면서 한 번도 시도해보지 않았던 일입니다.

그런데 소화기의 마음을 들여다보고 나니
미처 짐작하지 못했던 뜻밖의 사실을 알게 되었습니다.

우리가 무심하게 보아왔던 소화기 속에 사람들이 무사하기를 바라는 간절함과
희생을 두려워하지 않는 숭고함과 무관심에 상처받은 신세 한탄과
예뻐지고 싶은 마음 등이 담겨 있었던 것입니다.

그러다 문득 간절하게 기도한다는 마음이 '소녀의 기도'를 떠올리게 했습니다.
그리고 그것은 '소녀의 기도'와 같은 조각상의
소화기를 만들면 어떨까 하는 생각으로 이어졌습니다.

'소녀의 기도' 조각상인데 알고 보면 소화기이고,
또 타이거 우즈가 골프 스윙을 하는 조각상인데 알고 보면 소화기이고,
와인병 같이 생겼는데 알고 보면 소화기이고,
가스레인지 옆에 놓인 귀여운 꼬마 펭귄 '뽀로로'가
일시에 작은 불을 제압할 수 있는 미니 소화기라면 어떨까요?

이렇게 사물의 마음을 보는 법을 통해
다양하게 생각하고 고민한 결과, '인테리어 소화기'라는
새로운 카테고리를 만들어낼 수 있었습니다.

거실에도 안방에도 주방에도 들여놓을 수 있는
예쁜 소화기를 만들 수 있다는 사실을 발견하게 된 것입니다.

하나 같이 똑같은 모습의 멋없는 시뻘건 소화기에서 벗어나
우리가 원하는 아주 예쁘고 세련된 모양의
소화기를 일상 가까이에 둘 수 있다면
안전을 위해서도 얼마나 좋을까요?

그런데 소화기와는 아무런 인연도 없는 저와 지인들이
이런 생각을 쉽사리 할 수 있었던 비결은 무엇일까요?
이제껏 소화기 만드는 일을 업으로 삼았던 분들도 하지 못한 생각을
소화기와 전혀 상관없는 우리가 불과 한 시간 만에 떠올릴 수 있었던 것은
바로 소화기가 되었기 때문입니다.

소화기가 되어 마음을 보고,
그 속에 숨겨진 간절함을 본 덕분에
'소녀의 기도'를 생각해낼 수 있었던 것입니다.

사색하고 관찰하고 질문하면 통찰이 생긴다

소화기의 사례를 통해 연습해본 것처럼
사물의 입장이 되어보니 새로운 카테고리를 만들 수 있었습니다.
하지만 사물의 마음을 본다는 것은 결코 만만한 일이 아닙니다.
그렇다면 어떻게 해야 사물의 마음을 잘 볼 수 있을까요?

혁신적인 제품의 탄생은
나 자신이 온전히 그 대상이 되어
마음을 보아야만 가능한 일이기에
사물의 마음을 볼 때
중요한 키워드는 바로 '관찰'입니다.

무심코 지나칠 수 있는 사물들을
자세히 보고 오래 보는 깊이 있는 관찰 속에서
바로 통찰Insight의 힘이 생겨납니다.

이를 가장 잘 나타내주는 한 편의 시를 소개하겠습니다.

풀꽃
/ 나태주

자세히 보아야 예쁘다
오래 보아야 사랑스럽다
너도 그렇다

화려하고 큰 관상용 꽃들은 보지 않으려고 해도
쉽사리 눈에 들어오지만, 풀꽃은 다릅니다.
잎도 작은데 그 옆에 붙어 있는 꽃은
더더욱 더 작아서 우리의 눈에 잘 들어오지 않지요.
그래서 우리는 풀꽃이 있어도 무심하게 지나치고 맙니다.
그러던 어느 날, 한 시인의 눈에 우연히 풀꽃 하나가 들어옵니다.

풀꽃이 어찌나 작은지 시인은 눈을 찡긋거리며
오래오래 그 꽃을 들여다봅니다.
그러다가 그 작은 꽃이 비할 바 없이
예쁘고 사랑스럽다는 것을 알게 된 순간……

시인은 인생의 중요한 통찰을 발견합니다.

"무엇이든 그것의 진정한 가치를 알려면
자세히 보고 오래 보아야 하는구나!
사람도 마찬가지고, 결국 나도 마찬가지구나!"

시인의 이 같은 통찰을 거울 삼아
저 역시 제 인생을 돌아보았습니다.
옆에 있는 아름답고 소중한 것들을
제대로 보지 않고 살아왔다는 사실을 깨달았습니다.

먹고 사는 것이 바빠서
정작 옆에 있는 사람을 자세히, 오래 보지 못했습니다.
사람을 보지 않는다는 것은 마음을 보지 않는다는 것입니다.
사람이든 사물이든 상대의 마음을 보지 않는다는 것은
새로움을 만들어내기 어렵다는 뜻입니다.

크리에이티브 디렉터인 박웅현 씨의 말에 따르면,
고대 중국에서는 시인詩人을 '견자見者'라고 불렀다고 합니다.

거죽만 본 것이 아니라 그 속까지 깊이 들여다본 사람,
대충 본 것이 아니라 자세히 보고 오래 본 사람이 시인이라는 뜻이지요.

앞에서 말했던 헬렌 켈러가 만들고자 했던 필수 과목이
무엇이었는지 한번 떠올려보세요.

바로 '당신의 눈을 잘 쓰는 법'이었지요.
당신의 눈을 잘 쓰기 위한 방법 중 하나는
사물의 마음을 보는 것입니다.

그런 의미에서 시인들의 창조법을 안내하는
이 학교의 이름을 '마음학교'라고 부를 수 있을 것 같습니다.
정확하게는 사물과 사람의 마음을 보는 방법을
배우는 학교인 셈이지요.

그런데 "사람과 사물의 마음을
잘 볼 수 있는 방법이 무엇일까"라는 질문에
나태주 시인이 보내온 답은
"오래 사색하고 자세히 관찰하라"는 것입니다.

그래서 마음학교는 오래 사색하고 자세히 관찰하는
'**사 · 관 학교**'라고도 말할 수 있습니다.

앞에서 살펴본 것처럼
사물의 마음을 들여다보기 위해
붕어빵에게 질문을 던져보았었지요.

"붕어빵아, 너는 왜 그 뜨거운 불꽃을 꾹 참고만 있니?"

이 작은 하나의 질문을 통해
한 입 위로 되고, 한 조각 희망 되고 싶은
붕어빵의 마음을 발견할 수 있었습니다.

그래서 '마음학교'의 또 다른 이름은
반복적인 질문을 통해 마침내 통찰의 답을 얻어내는
'질·통 학교'라고도 말할 수 있습니다.

종합해보면 마음을 본다는 것은
오래 사색하고, 자세히 관찰하며,
반복적인 질문을 통해 깊이 있는 통찰을 얻어내는
'사·관·질·통'의 과정을 거치는 일임을 깨닫게 되었습니다.

사람과 사물의 마음을 보는 기술,
그것을 '마음기술 Mind Technology'이라고 한다면,
시인들이 발견해낸 최고의 마음기술은
바로 '사·관·질·통'이 아닐까 합니다.

마음학교는 새로움을 추구하는 학교입니다.
우리가 하는 모든 일에 담긴 마음을 읽고
또한 거기에 새로운 마음을 담아내는 마음학교.

이 마음학교에서 꾸준히 연습하고 연마한다면,
하나의 새로운 기술을 만들어낼 수 있지 않을까 생각했습니다.

그래서 저는 사물의 마음을 체계적으로 보기 위한 툴을 만들기로 했습니다.
사물의 마음을 보는 것에 익숙지 않은 보통사람들도
쉽게 따라할 수 있는 방법을 고안해내고 싶었던 것이지요.

보이지 않는 것을 보고, 남들이 보지 못한 것을 보기 위해서는
먼저 닫혀 있던 감성의 문을 열어야 합니다.
그리고 사물을 관찰하는 눈을 뜬 다음,
서로 다른 것을 연결하고 융합하는 방법을 배우고,
역발상을 통해 새로운 제품의 마음을 만들어내는 단계를 거쳐야 합니다.

이렇게 사물의 마음을 좀 더 체계적으로
볼 수 있는 방법이 없을까에 대해 오랫동안 연구한 결과
부족하지만 다음 네 가지의 툴을 만들어냈습니다.

첫째, 감성의 눈 뜨기(오감법)
둘째, 관찰의 눈 뜨기(오관법)
셋째, 연결과 융합의 눈 뜨기(오연법)
넷째, 역발상의 눈 뜨기(오역법)

이 네 가지 방법을 통해 사물과 제품의 마음을 읽고,
거기서 머물지 않고 한 발 더 나아가 새로운 마음을 만드는 데
시보다 더 좋은 도구는 없다고 생각했습니다.

그 생각은 저로 하여금 시인들의 창조법으로
사물의 마음을 보는 힘을 키울 수 있는 방법을 체계화도록 이끌었고,
그리고 이 내용을 바탕으로
'최고경영자용 프로그램'을 만들게 되었습니다.
좀 길지만 프로그램의 정확한 이름은
'시인들의 창조법을 통해 배우는 Think Different 최고위과정'입니다.

이후 몇 차례 CEO와 경영자를 대상으로 강의를 하며,
이 프로그램을 전파할 기회를 가졌습니다.
그 결과 많은 분들이 아주 흥미로워했고,
또 뜻밖의 수확을 얻기도 했습니다.

기업체에 몸담고 있는 40~50대 경영자들이
흔히 지나칠 수 있는 작은 사물을 보고
어린 아이와 같은 동심을 찾아내는가 하면,

사물의 마음을 읽은 후 그대로 몇 자 적어 내려간 글이
한 편의 시가 되기도 했으며,

제품을 기획하는 단계에서부터 이런 연습 과정을 적용해
독창적이고 기발한 제품을 생산하는 데
도움이 되는 것을 직접 확인하기도 했습니다.

그래서 저는 감히 이런 생각을 하게 되었습니다.

바로 이것이 헬렌 켈러가 만들고 싶어 했던 필수 과목,
'당신의 눈을 잘 쓰는 법'이 아닐까 하고 말입니다.

해병대의 마음이 새로운 해병대를 만든다

언젠가 해병대에 강의를 갔을 때의 일입니다.
'새로운 해병대 만들기'라는 주제로 한 강의였습니다.
저는 어떻게 해야 새로운 해병대를 만들 수 있을지 고민했습니다.

'해병대'는 무에서 유를 창조하는 부대입니다.
살벌하기만 한 적진을 뚫고 들어가
점 하나를 찍고, 그 점이 선이 되고, 그 선이 면이 되어
아군의 교두보를 확보하는 것이 해병대의 일이기 때문입니다.
무모할 정도의 도전을 통해 교두보를 확보하는 것이지요.
그런 점에서 해병대는 그야말로 무에서 유를 창조하는 부대입니다.

또 해병대 하면 '귀신 잡는 해병'이라는 말이 떠오릅니다.
이는 아마도 귀신조차 무서워할 정도의
용맹함을 가지고 있다는 뜻에서 생겨난 말일 것입니다.

그런데 막상 귀신을 잡으려면 어떻게 해야 할까요?
귀신을 잡으려면 귀신의 생각을 초월해야 하지 않을까요?
귀신도 못하는 생각, 귀신의 예상을 뛰어 넘는 행동을 해야
귀신을 잡을 수 있지 않을까요?
그런 차원에서 보면 해병대는 초월의 군대인 것 같습니다.

초월이란
첫째, 기준을 뛰어넘는 것
둘째, 한계를 뛰어넘는 것
셋째, 상대의 예상을 뛰어넘는 것
그리고 마지막으로 경계를 뛰어넘는 것을 말합니다.

그런 면에서 해병대는 무에서 유를 만들어내는 창조의 군대입니다.
또한 해병대는 죽음을 무릅쓰고 적진에 뛰어들어
불가능에 도전하는 부대이므로 '살아 있는 인문학' 그 자체라고 생각합니다.
간부들 앞에서 해병대에 대한 저의 이런 생각들을 전한 뒤, 물었습니다.

"이런 숭고한 임무를 완수해야 하는 해병대의 마음은 무엇입니까?"
"여러분들께서는 해병 용사 한 사람의 마음이 아닌
해병대라는 부대의 마음을 생각해보신 적이 있습니까?"

'해병'뿐 아니라 '해병대'에도 마음이 있다고 생각합니다.
50년 전의 해병대는 그때의 마음이 있었고

월남에 파병되었던 해병대도 저마다의 마음이 있었고
지금 연평도에서 적과 마주하고 있는 해병대 또한
그 나름의 마음이 있습니다.

이전까지의 해병대와 다른 해병대가 되길 원한다면
지금 해병대의 마음이 무엇인지 설명할 수 있어야 합니다.

지금 적들은 과거의 적들이 아닙니다.
무기 체계도, 전략도, 전술도 달라졌습니다.
새로운 해병대가 되어야 하는 이유가 바로 여기에 있습니다.
이 시대가 요구하는 해병대가 되려면
우리 모두가 모여 '해병대의 마음'이 무엇인지 찾아내고,
그 마음을 설명할 수 있어야 합니다.
그래야 획기적인 발전이 이루어지지 않을까요?

만약 그것을 말할 수 없다면
어쩌면 우리는 새로운 해병대를 만들 수 없을지도 모릅니다.

새로운 해병대를 만들고 싶다면
시대가 요구하는 새로운 해병대의 마음이
무엇인지를 정리하고 그 마음에 맞는 전략과 전술,
그리고 지원 시스템을 설계해야 합니다.
그래야 국방부는 물론이고 온 국민이 공감할 수 있을 것입니다.

제가 이렇게 해병대의 마음에 대해 이야기할 수 있었던 것도,
일체화를 통해 사물의 마음을 보는 연습이 있었기에 가능했던 일입니다.
소화기 속 인문학을 느껴보니 해병대의 인문학도 저절로 떠오른 것이지요.

기업도 마찬가지라고 생각합니다.
당신이 회사의 CEO라면, 임직원들과 힘을 합해
우리 회사가 고객들에게 전하고 싶은 진정한 마음이 무엇인지 생각해보고,
그 마음을 정리해볼 필요가 있습니다.

우리나라의 대표 기업 중 하나는 삼성전자입니다.
삼성전자의 대표 제품 중 하나는 '갤럭시 S4'이지요.
그렇다면 '갤럭시 S3'와 '갤럭시 S4'의 차이는 무엇일까요?

기능적인 차이가 있는 것은 당연하겠지요.
하지만 근원적인 차이는 이 두 제품의 마음이 다르다는 것입니다.
그렇다면 '갤럭시 S3'와 '갤럭시 S4'의 마음은 어떻게 다를까요?
'갤럭시 S3'의 마음이 '사람을 위한 디자인Design for Human'이었다면
'갤럭시 S4'의 마음은 '삶의 동반자Life Companion'입니다.

'삶의 동반자'가 되겠다는 '갤럭시 S4'의 마음이란
24시간 우리 곁에서 때론 아내가 되고, 때론 남편이 되고,
때론 친구가 되고, 때론 비서가 되고자 하는 것이 아닐까요?
우리가 힘이 들 땐 위로가 되어주고,

길을 잃었을 땐 나침반이 되어주며,
외로울 땐 다정한 친구가 되어주는 등
삶을 살아가는 데 있어 꼭 필요한 동반자가 되겠다는
의지가 바로 '갤럭시 S4'에 담긴 마음일 것입니다.

혹시 여러분은 자신이 만들고 있는 제품과 서비스를
상징하는 화두를 놓치고 있진 않나요?

소비자를 설득한다는 것은
내가 만드는 제품, 내가 다니는 회사의 마음을
상대방에게 전하는 일입니다.

시대가 요구하는 마음을 제대로 정의해야만
혁신적인 제품과 서비스가 가능하지 않을까요?
이제 소비자들은 성능만 업그레이드된 제품은 원하지 않습니다.
그 속에 들어 있는 마음을 느끼고 싶어 합니다.

이제 당신의 눈을 제대로 쓸 준비가 되었습니까?

그렇다면 본격적으로
사물의 마음을 봄으로써 새로움을 만들어내는
신세계로 당신을 안내하겠습니다.

2부

사물의 마음을 보는 시인들의 4가지 창조법

감성의 끝에 서기 1

감성의 눈 뜨기
오감법

남들이 보지 못한 아픔을 보는 법

한 번도 가보지 않은 길,
즉 사물의 마음을 본다는 것은
사물의 아픔을 들여다보는 것입니다.
사물의 아픔을 보게 되면
결국 사람의 아픈 마음도 볼 수 있습니다.
시인의 눈이란 바로 남들이 보지 못한 사물의 아픔을 보고,
사람의 아픔을 보는 것입니다.

새로운 것을 본다는 것은 결국
남들이 보지 못한 아픔을 찾아내는 일입니다
아픔이 무엇인지를 알아야 새로운 것을 만들 수 있으니까요.
그러기 위해서는 감성의 문이 열려야 합니다.

먼저 몇 가지 사례를 소개하겠습니다.

세상을 놀라게 한 위대한 제품들은
고객의 마음을 들여다봄으로써
그들의 아픔이 무엇인지를 읽어냈기에 빛을 볼 수 있었습니다.

'소니Sony'는 기존의 무거운 카세트 대신
길을 걸으면서도 음악을 듣고 싶어 하는 사람들의
아픔을 충족시킬 '워크맨Walkman'이라는
불후의 명작을 만들어냈습니다.

이 휴대용 카세트만 있으면 사람들은
언제 어디서나 자신이 원하는 음악을 들을 수 있게 되었고,
'워크맨'은 탄생 3년 만에 1억 대가 팔려나가는 쾌거를 올렸습니다.

"아빠, 사진은 왜 찍으면 바로 볼 수 없는 거예요?"라는
아이의 아픔을 읽은 아빠는
'폴라로이드Polaroid'라는 즉석카메라를 탄생시켰습니다.
그리고 이 폴라로이드는 사진 기술 분야에 일대 혁명을 일으켰지요.

'스토케Stokke'는
어른 의자에 앉아 팔과 다리를 허우적거리는
어린아이의 아픔을 읽은 후
어린이 전용 식탁 의자 '트립트랩Tripp Trapp'을 만들어냈습니다.

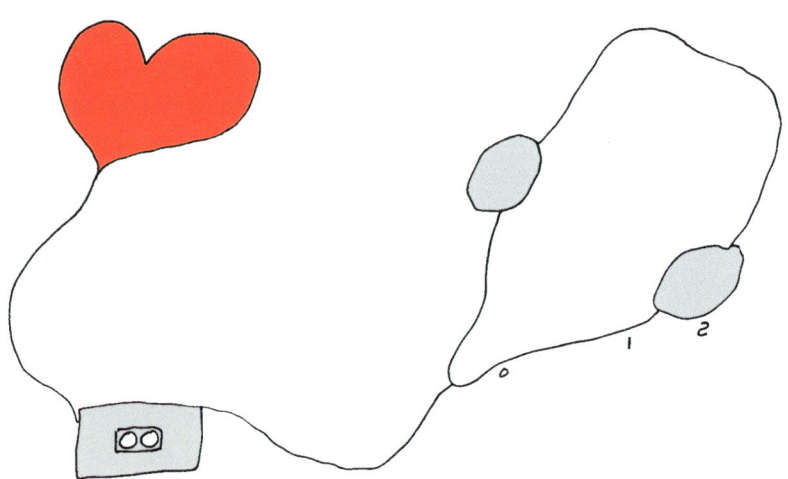

이 의자는 출시 이후 전 세계에 800만 개 이상이 팔렸으며,
유아용 가구에 인체공학의 개념을 도입한
선구적인 제품이라는 점을 인정받아
뉴욕현대미술관MoMA에 전시되기도 했습니다.

각자의 방에 틀어박혀 게임이나 TV에 열중하는
가족 간의 단절의 아픔을 읽은 '닌텐도Nintendo'는
'위Wii'라는 가정용 게임기를 만들어냈습니다.

아이들의 전유물이던 비디오게임을
온 가족이 거실에 모여 몸으로 즐길 수 있는
가족형 오락으로 바꾸어놓은 것이지요.

'스타킹을 신고도 샌들을 신을 수는 없을까' 하는
여성들의 안타까운 마음을 읽은 '스팽스Spanx'는
'레깅스Leggings'라는 발목까지만 내려오는
스타킹을 만들어냈습니다.

'위험하기도 하고 청소하기도 힘든데,
왜 선풍기에는 꼭 날개가 있어야 할까'라는
고객의 불편한 마음을 읽은 '다이슨Dyson'은
날개 없는 선풍기 '에어멀티플라이어Air Multiplier'를
만들어냈습니다.

모든 위대한 창조와 혁신은
바로 '아픔Pain Point'을 보는 것에서부터 시작합니다.

그런데 문제는 그 아픔이 쉽게 보이지 않는다는 것입니다.
그렇다면 어떻게 해야 아픔을 잘 볼 수 있을까요?

그것은 감성의 문이 열려야 합니다.
어떻게 하면 그 감성의 문을 잘 열 수 있을지,
저와 함께 초월의 길로 향하는 여행을 계속해볼까요?

벤치는 오늘 밤 낙엽과 함께
술 한잔 하고 싶다

사람 한 명 보이지 않는 적막한 공원입니다.
낙엽이 별처럼 쏟아져 내린 것을 보니
가을이 한창인 모양입니다.

저만치 서 있는 큰 나무는 하염없이 나뭇잎을 떨구고 있고
이쪽에는 군데군데 페인트가 벗겨지고
나이가 제법 지긋해 보이는 벤치가 놓여 있네요.

쓸쓸해 보이는 벤치의 마음을 위로하러 왔는지
주변에 낙엽들이 수북이 쌓여 있네요.

최고경영자용 프로그램에 참석한 분들에게
이 사진을 보여주고 각자 스스로 사진 속 벤치가 되어
그 마음이 어떤 상태인지 한번 찾아보기로 했습니다.
그리고 네다섯 명씩 조를 짜서
벤치의 마음을 종이에 적어보도록 했습니다.

각 조마다 다양한 대답이 나왔습니다.
그중 가장 기발한 생각을 해낸 조에게
장원이라는 명예와 함께 선물을 드렸습니다.
과연 어떤 마음이 우리의 감성을 사로잡았을까요?
오른쪽의 시가 바로 그 시입니다.

이 시가 최고의 답으로 선정된 이유는 무엇일까요?
놀랍게도 낙엽과 술 한잔 하고 싶어 하는
벤치의 마음을 읽어냈기 때문입니다.

벤치

바람에 흩어지는
낙엽들과
벗 되어

오늘 저녁
술 한잔 하고 싶다

사진 속 벤치를 보면서 할 수 있는 생각들은 매우 다양합니다.
예를 들면 외롭다, 힘들다, 무겁다, 쉬고 싶다, 보고 싶다 등등.
이런 생각이 곧 '마음 DO'입니다.

하지만 "술 한잔 하고 싶다"라는 생각은 쉽게 나올 수 있는 답이 아니지요.
왜 그런 생각을 했는지 참가자들에게 묻자 이런 답이 돌아왔습니다.

"엊그제까지 싱싱하게 나무에 매달려 있던
나뭇잎들이 늙어서 땅에 떨어지고 말았습니다.
얼마 후면 썩어 땅 속으로 들어갈 텐데 남의 일 같지 않더군요.
나(벤치)도 곧 그 길을 따라갈 테니까요.
오늘 저녁만큼은 만사 제쳐두고 낙엽과 함께 술 한잔 나누며
지난 세월을 이야기하고 싶었습니다."

시인도 아닌 경영자가 불과 10여분 만에
어떻게 벤치의 이런 마음을 읽어낼 수 있었을까요?

바로 나 자신이 벤치가 되는 일체화를 통해
감성의 문이 열렸기 때문입니다.
그 감성의 눈으로 아무도 보지 못한
벤치의 특별한 마음을 읽을 수 있었던 것입니다.

우리는 알고 있습니다.
21세기는 이성 못지않게 감성이 중요하다는 점을 말이지요.
하지만 아무도 감성의 눈을 뜨는 방법을 가르쳐주지 않습니다.
감성이 부족한 사람들은 어찌해야 할지 당황스럽기도 할 것입니다.

그러나 우리는 일체화와 사물의 마음을 보는 작업을 통해
이 세상에서 가장 감성적인 생각을 할 수 있는 방법이
무엇인지를 비로소 알게 되었습니다.

그것은 바로 나 스스로 '그것'이 되는 일입니다.

내가 그것이 되면 감성의 끝에 설 수 있고
그렇게 감성의 끝에 서면
가능성의 끝에 설 수 있다는 것을 알게 되었습니다.

내가 사물 자체가 되는 것,
그 사물의 상황 속으로 내 삶을 투영시키는 것,
이 일체화 과정을 거쳐
우리는 누구나 감성의 문을 열 수 있습니다.

소화기의 마음을 보기 위해서는
"얘는 지금 무슨 생각을 하고 있을까?"라고
질문을 던져야 한다는 점 기억하시지요?

사물의 마음을 잘 알기 위해서는
질문을 좀 더 구체화할 필요가 있습니다.

그래서 더 쉽고 확실한 방법이 없을까 고민하다가
여러 번의 시행착오를 거쳐 사물의 마음을 들여다보는
훨씬 더 진전된 방법을 찾아냈습니다.

바로 우리의 오감五感,
즉 보고, 듣고, 느끼고, 말하고, 행동하는
다섯 가지의 감각을 이용하는 것입니다.

사물의 마음을 들여다보려면
아래의 다섯 가지 질문을 던져보면 쉽게 찾을 수 있습니다.
그렇게 해서 찾아낸 사물의 마음은 동사나 형용사로 나타낼 수 있습니다.

- 얘가 무엇을 보고 있을까?
- 얘가 무엇을 듣고 있을까?
- 얘가 어떤 느낌일까?
- 얘가 무슨 말을 하는 것일까(혹은 하고 싶을까)?
- 얘가 어떤 행동을 하는 것일까(혹은 하고 싶을까)?

이렇게 다섯 가지 감각을 이용한 방법을
'오감법五感法'이라고 이름 붙였습니다.

내가 사물 자체가 되어 오감의 문을 열고
그것이 무엇을 보고, 듣고, 느끼고, 말하고, 행동하는지를 생각하면
우리는 한 번도 가본 적 없는 감성의 끝, 가능성의 끝에 설 수 있게 됩니다.

경영 전략의 아버지라 불리는
하버드 대학교의 마이클 포터Michael Porter 교수에게
사람들이 물었습니다.

"전략이란 무엇입니까?"

이 질문에 포터 교수는 이렇게 대답했습니다.

"전략이란 천 길 낭떠러지를 접하고 있는 벼랑 끝,
즉 '엣지Edge'에 서는 것입니다."

감성의 끝, 가능성의 끝에 섰을 때
우리는 비로소 새로운 전략의 씨앗을 볼 수 있습니다.

벤치가 되어 오감을 열고 생각해보니
저 나뭇가지 위에 매달려 있던 나뭇잎들이
어느덧 가을이 되어 땅으로 떨어져 이리저리 뒹굴고
얼마 후면 썩어 땅속으로 돌아가야 한다는 것이 떠올랐겠지요.

낙엽뿐만 아니라
나이를 먹은 벤치인 나도 이제 얼마 후면
저 낙엽의 뒤를 따를 수밖에 없다는 사실을 깨닫습니다.

그러자 아, 오늘 저녁만큼은 낙엽들과 술 한잔 하면서
속내를 나누며 그동안 못 다한 이야기들을
실컷 해보고 싶다는 생각이 들었겠지요.

그렇게 해서 "술 한잔 하고 싶다"는
벤치의 생각을 찾아낼 수 있었던 것입니다.

낙엽과 술 한잔 하고 싶어 한다는 벤치의 마음은
감성의 끝에 서지 않으면
결코 나올 수 없는 새로운 시각입니다.

감성의 끝, 가능성의 끝에 서자

여기 또 하나의 사진이 있습니다.
노란 민들레꽃 위에 하얀 나비 한 마리가 앉아 있네요.
지금 민들레는 어떤 생각을 하고 있을까요?

최고경영자용 프로그램에서도 위의 사진을 보여준 적이 있습니다.
역시 네다섯 명씩 조를 짠 뒤
나비의 '마음 DO'를 종이에 적어보도록 했습니다.

민들레가 무엇을 보고, 무엇을 듣고, 무엇을 느끼고,
어떤 말을 하고, 어떤 행동을 하는지 말입니다.

그랬더니 한 분이 "두려워한다"고 대답했습니다.
나비가 자신에게 다가와 앉자 민들레가 두려워한다는 것입니다.
왜 그런 생각을 하게 되었는지 묻자,
이런 대답이 돌아왔습니다.

"나비가 사랑하자고 찾아왔는데,
지난 사랑의 상처가 너무 커서요……."

WHO 누가	민들레
마음 DO ~하다	두렵다
WHY 왜?	사랑하고 싶다고 나비가 찾아왔는데 지난 사랑의 상처가 너무 커서

제목 민들레

두렵다
지난 사랑의 상처가 너무 커서

다시 사랑할 수 있을까

어떠세요. 놀랍지 않나요?
사물의 '마음 DO'와 그 이유를 찾은 것만으로도
무척 멋진 시가 나왔습니다.

시가 멋지다고 생각되는 이유는
민들레의 마음과 내 마음이 공감했기 때문입니다.
제품도 마찬가지입니다.

이처럼 사물의 '마음 DO'만 잘 찾아도
얼마든지 훌륭한 공감을 만들어낼 수 있습니다.

누구나 공감할 수 있는 제품의 마음을 찾아
소비자에게 제대로 전달하면 당신과 소비자 사이에
끈끈한 교감의 다리가 놓이는 것입니다.

그렇다면 이분은 나비가 앉아 있는 민들레 사진을 보고
어떻게 '두렵다'는 생각을 떠올릴 수 있었을까요?

오감을 자극하는 연습을 통해 감성의 문이 열렸기 때문입니다.

민들레와 자신을 일체화한다는 것은
직접 민들레의 풍경, 즉 상황 속으로 들어가
민들레의 마음이 되는 것입니다.

자신의 상황과 민들레의 상황을 하나로 만들면
민들레의 마음이 보이기 시작합니다.

이런 과정을 거쳐 민들레에게
어떤 고통스러운 마음이 있는지를 헤아려봅니다.

이것이 바로
사람들이 아파하는 것, 즉 Pain Point를
발견해내는 방법입니다.

아픔을 찾는 과정은 아주 중요합니다.
어쩌면 이것을 찾기 위해
사물의 마음을 보는 것이라고 말할 수도 있습니다.

사물의 아픔을 보는 법에 대해 어느 정도 감을 잡았다면
이번엔 그 아픔을 표현하는 방법을 알아볼까요?

아픔을 찾아내는 것이 중요한 만큼
그 아픔을 표현하는 것 또한 중요합니다.
절절한 아픔을 새로운 방식으로 표현하려면
먼저 아픔을 상징하는 자신만의 특별한 단어를 찾아야 합니다.

우연히 TV를 켰다가 'K팝 스타'라는 오디션 프로그램을 본 적이 있습니다.

유명한 프로듀서이자 작곡가이자 가수인 박진영 씨가
한 오디션 참가자가 써온 가사를 보고는 이런 말을 합니다.

네가 쓴 가사는
'아, 이것만 쓰면 멋있을 것 같다' 그런 문장들만
나열해놓은 것 같아.

가사를 쓰는 방법은 두 가지가 있어.

남들이 안 한 이야기를 해야 해.
박지윤의 「성인식」처럼
여자가 스무 살이 되는 내용의 노래가 그전에는 없었어.
이렇게 없었던 이야기를 하든지,
아니면 새로운 각도로 표현해야 해.

예를 들면 12월 31일이 지나 해가 바뀌었지만
나에겐 아직 해가 바뀌지 않았어.
12월 32일이고, 33일이야.
이게 별의 「12월 32일」이라는 곡의 가사야.

이것처럼 남들이 안 한 이야기를 하든지,
이미 한 이야기를 하려면 새로운 방식으로 표현하든지
이 둘 중 하나여야 해.

박진영 씨가 오디션 참가자에게 한 이야기의 포인트는 바로 이것입니다.

아무도 하지 않은 이야기를 하라!
새로운 시선으로 본 것을 말하라!

박진영 씨의 말을 듣자 온몸에 소름이 돋았습니다.
창의적인 활동을 하는 사람들은
무엇을 하든 서로 통하는 데가 있구나 하고 느꼈기 때문입니다.

사물의 마음을 보는 것도 마찬가지입니다.
새로움을 만들어내려면 남들이 보지 못한 아픔을 보고
나만의 이야기를 만들어내야 합니다.

오감을 열어 사물의 아픔을 보려면
다음의 세 가지 원칙을 기억하면 됩니다.

첫째는 대상에 깊이 빠지는 '딥 다이빙Deep Diving'이며,
둘째는 나만의 이야기를 만드는 '온리 원Only One'이며,
셋째는 새로운 관점으로 보는 '뉴 원New One'입니다.
기억하기 쉽게 세 가지 원칙의 앞 글자를 따서
'DON' 원칙이라고 부르겠습니다.

'DON' 원칙의 첫 번째인 '딥 다이빙'은

사물 하나를 보더라도 자세히 보고 오래 보라는 뜻입니다.
그래야만 마음을 찾는 대상의 고통과 결핍
혹은 소망과 바람이 보일 테니까요.

두 번째인 '온리 원'은
사물이든 자연이든 내가 그 대상이 되어
누구도 생각하지 못한 나만의 이야기를 만들어내라는 뜻입니다.

그리고 마지막 '뉴 원'은 고정관념에서 벗어나
새로운 관점의 이야기를 찾아내라는 뜻입니다.

이렇게 세 가지를 염두에 두고 사물을 바라보면
그 마음이 보이고 아픔이 보여 이해와 소통이 가능해집니다.
그리고 비로소 머릿속에 잠자고 있던 창조의 스위치가
'딸깍' 하고 켜지는 것을 느끼게 될 것입니다.

이것이 바로 창조와 혁신의 출발점입니다.

자, 이제 오감법에 대해 어느 정도 이해가 되었나요?
그럼 마무리 차원에서 컴퓨터 모니터의 마음 보기를 실습해보겠습니다.

집에 있는 컴퓨터의 모니터를 한번 떠올려보세요.
그 모니터는 지금 어떤 마음일까요?

모니터의 '마음 DO'를 찾아보니 '예뻐지고 싶다'는 마음이 떠올랐습니다.

우리가 흔히 보는 모니터는 모두 사각형입니다.
하지만 모니터의 마음, 모니터의 아픔을 보고 나니
사각형으로만 만들 것이 아니라
갸름한 타원형이나 예쁜 하트 모양으로
만들 수도 있지 않을까 하는 생각이 들었습니다.

WHO 누가	모니터
마음 DO ~하다	예뻐지고 싶다
WHY 왜?	모두 다 똑같은 사각형 얼굴로는 개성을 살릴 수 없어서

'동그랗고 예쁜' 혹은 '하트 모양'의 모니터가 나온다면
누구보다도 아이들이 참 좋아할 것 같습니다.
어느 초등학교 여학생 방에 이 모니터가 놓이고 나면
다른 친구들의 방에도 곧 이 모니터가 놓이게 되지 않을까요?

차갑고 딱딱해 보이는 모니터에서
친근감 있고 사랑스러운 존재로 변신한 모니터에 여학생들이
그만 마음을 빼앗길 테니까요.

"지금 이 모니터는 무슨 생각을 하고 있을까?"

이 질문 하나에 전혀 새로운 모니터를 생각해낸 것입니다.
그 원동력은 한 번도 가보지 않은 길, 사물의 마음을 보려고 했기 때문입니다.
오감을 열고 내가 그것이 되면 얼마든지 새로운 것을 만들어낼 수 있습니다.

자, 이제 당신은 마음만 먹으면
얼마든지 사물이 되어 감성의 눈을 뜨고
사물의 마음을 볼 수 있습니다.
그러면 당신은 무슨 일을 하든
누구도 하지 못한 생각을 해낼 수 있습니다.

포장마차의 마음을 보면 새로운 개념의 포장마차를!
식당의 마음을 보면 새로운 개념의 식당을!
음료수의 마음을 보면 새로운 개념의 음료수를!
수첩의 마음을 보면 새로운 개념의 수첩을!
전봇대의 마음을 보면 새로운 개념의 전봇대를!
스마트폰의 마음을 보면 새로운 개념의 스마트폰을!

감성의 눈을 뜨기 위한 생각거리

2013년 11월 30일. 26회 '성균문학상' 시상식에서 있었던 일입니다.
수상자인 고창수 시인의 수상 작품 제목은 「사물들, 그 눈과 귀」였습니다.

　사물에는 눈이 있다
　문 돌쩌귀 같은 것, 손거울 같은 것 또는 옷장 같은 것
　모두 퍼렇게 눈을 뜨고 있다
　(……)

　사물에는 귀가 있다
　손거울 같은 것, 참빗 같은 것, 빗자루 같은 것
　모두 숨죽이며 귀 기울이고 있다
　(……)

문은 물론이고 손거울에도, 옷장에도, 사람처럼 눈이 있어 퍼렇게 보고 있고,
손거울, 참빗에도 모두 귀가 있어 사람처럼 모든 것을 듣고 있다는 내용입니다.

이날 1931년생으로 시단의 원로이며,
예술원 회원인 박희진 시인의 축하 말은
이 시를 더욱 빛나게 했습니다.

"사물에도 눈과 귀가 있습니다.
여기 놓여 있는 컵에도 눈과 귀가 있습니다. 어디 사물뿐이겠습니까.
여러분이 가져오신 이 축하 꽃에도 눈과 귀가 있습니다.
눈과 귀가 있어 우리가 지금 무슨 말을 하는지
무슨 행동을 하는지 다 보고 듣고 있습니다.
이들도 우리처럼 생명이 있어 무언가를 보고 듣는 것입니다.
사람들은 그것을 잘 모릅니다.
하지만 시인은 이것을 보고 듣고 느낄 줄 아는 사람입니다.
시인이라면 이것을 보고 듣고 느낄 줄 알아야 합니다.
시인이라는 존재의 위대성은 바로 여기에 있습니다."

아래 박용하 시인의 「적설積雪」이라는 시가 바로 그런 예입니다.

겨울 자작나무 숲에서
너, 견디고 있구나

천국엔,
세금과 고통이 없어서 싫다는 이 한 몸
끝까지 견뎌야
사랑이다

검은 기중기의 눈발이 계속 쏟아진다

눈이 내려 쌓입니다. 나무 위로 척척, 눈이 내려앉습니다.
끊임없이 내리는 눈을 받아내느라 나무는 힘이 듭니다.
내리고 또 내리는 눈을 업고 버텨내느라 사력을 다하고 있습니다.

나무는 어떤 마음일까요? 그리고 무슨 생각을 할까요?
바로 '견딘다'입니다. 그렇다면 나무는 이 힘든 일을 왜 견디는 것일까요?
시에서 드러나듯 그것은 '사랑' 때문입니다.

사랑을 지키기 위해 나무는,
편안한 "천국엔 세금과 고통이 없어서 싫다"면서
스스로를 위로하며 견딥니다.
이처럼 사물의 마음을 들여다보면 시가 탄생합니다.
시인은 스스로 나무가 되어 펑펑 쏟아지는 눈을 온몸으로 맞으며
"눈을 털어내지 못하고 제 몸에 쌓고" 있는
나무의 마음을 시로 표현했습니다.

시인은 사물이든 자연이든 사람이든
자신이 쓰고자 하는 시적 대상의 마음을 찾아내려 힘겹게 노력합니다.

그래야만 이제껏 발견하지 못했던 새로운 이미지, 새로운 아이디어,
새로운 세계를 찾아낼 수 있으니까요.
그 방법이 바로 내가 사물(의 상황)과 하나 되는 '일체화'입니다.

감성의 끝에 서기 2

관찰의 눈 뜨기
오관법

우편함이 수다를 떤다

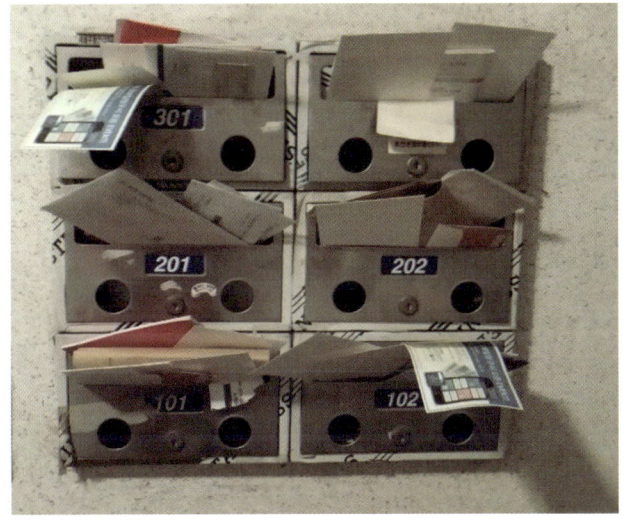

우리가 건물 입구에서 흔히 보는 우편함의 사진입니다.
우편함의 입은 항상 넘쳐납니다.
사람들이 우편함의 입에 우편물을 마구 넣기 때문입니다.

우편함은 움직이질 못하니 자신의 몸을 돌볼 수도 없습니다.
주인이 몸을 좀 닦아주면 좋으련만 한 번도 그런 적이 없습니다.
오히려 눈길조차 주기 싫어합니다.

그도 그럴 것이, 요 며칠 우편함이 먹은 음식은
주인이 매우 싫어하는 것들뿐이었습니다.
각종 카드 대금 청구서, 세금 통지서 등등 돈 내라는 것들이고,
간혹 "빨리 돈을 내지 않으면 집을 차압한다"는 경고장도 있습니다.
그러니 우편함을 향한 눈초리가 냉랭할 수밖에요.

하지만 가끔 우편함을 찾는 이가 있습니다.
바람이 데려온 동네의 먼지입니다.
그러면 옆집 아이들도 눈을 동그랗게 뜨고 몰려들어
먼지에게 이것저것 물어봅니다.
뽀얗게 몸에 더러움이 묻어도
세상 돌아가는 소식을 듣기 위해서입니다.
저 우편함은 사랑이 담긴 우편물도 먹고 싶을 것입니다.

사진 속 우편함은 어떤 생각을 하고 있을까요?

최고경영자용 프로그램에 참석했던 분들은
이 우편함 사진을 보고 어떤 마음들을 발견했는지 한번 보겠습니다.

참가자들이 매우 다양한 우편함의 마음을 찾아냈습니다.
이런 여러 가지 '마음 DO'를 찾을 수 있었던 것은
그분들 스스로 우편함이 되어
우편함이 처한 상황 속으로 들어갔기 때문입니다.

그다음 단계로, 참석한 분들에게
'가장 재미있는 단어를 하나' 골라보라고 했습니다.
당연히 앞장에서 말씀드린 세 가지 원칙
'DON'에 맞는('DON' 되는) 동사나 형용사를 골라야 합니다.

이분들은 잠시 고민한 후
우편함이 옹기종기 모여 있는 상황을 관찰하고는
'수다를 떤다'라는 동사를 선택했습니다.
그저 쇠로 만든 네모난 통으로만 여겼는데,
우편함들이 한데 모여 종달새처럼 동네 소식을 안주 삼아
수다를 떤다고 생각한 것입니다.

여기서 한 발 더 나아가 우편함이 '수다를 떤다'라는 마음을 찾았다면
그다음엔 우편함이 왜 '수다를 떠는지', 어떻게 '수다를 떠는지',
우편함이 무엇을 가지고 '수다를 떠는지'까지 생각해보는 것입니다.

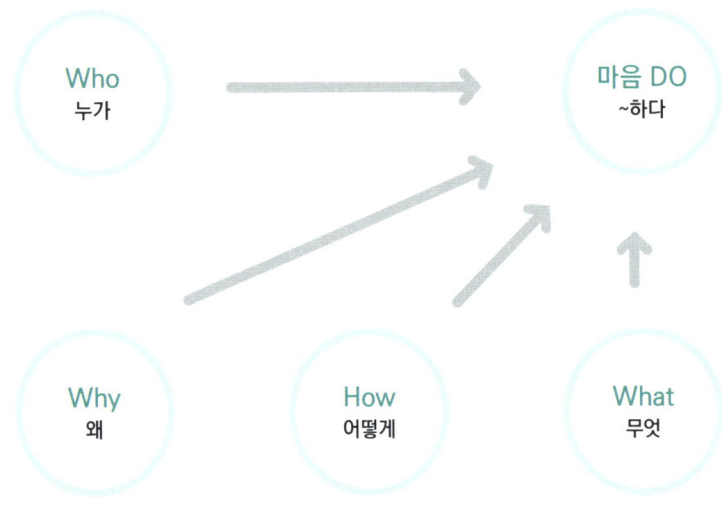

- 누가(Who) : 우편함
- 마음 DO(Think) : 수다를 떤다
- 왜 수다를 떨까?(Why) : 온 동네 소식을 나누느라
- 어떻게 수다를 떨까?(How) : 종달새 지저귀듯
- 무엇을 수다 떨까?(What) : 이 이야기, 저 이야기를(세상 모든 이야기를)

자 그럼 위의 내용을 도표에 정리한 뒤
마지막으로 이 '다섯 가지 관점'을
오른쪽 칸에 써보도록 하겠습니다.

WHO 누가	우편함	제목 우편함
마음 DO ~하다	수다를 떤다	우편함이 옹기종기 모여 소곤소곤 수다를 떤다
WHY 왜?	온 동네 소식을 나누느라	이 이야기 저 이야기 온 동네 소식 나누면서 수다를 떤다
HOW 어떻게	종달새 지저귀듯	
WHAT 무엇을	이 이야기, 저 이야기를 (세상 모든 이야기를)	종달새 지저귀듯

어떠세요? 한 편의 시가 되었지요?
비록 사물이지만 '왜, 어떻게, 무엇을'까지 생각해보니
이야기의 구조를 갖추게 되고 논리적인 생각까지 엿볼 수 있게 되었습니다.

이러한 체계적인 생각과 논리를 통해
이제 상대방과의 소통도 가능할 수 있습니다.
상대방의 마음을 들여다보고, 그 입장을 생각해보면서
우리는 누구와도 대화할 수 있게 되었습니다.

어느 회사의 간부 교육과정에서 있었던 일입니다.
총 마흔 명이 참석해 네 명씩 열 개 조로 나누어 수업을 진행했습니다.
앞에서 보신 것과 똑같은 우편함 사진을 보여주고
'마음 DO'를 하나씩 고른 다음, 다섯 가지 관점으로
우편함의 마음에 좀 더 깊이 들어가 보도록 했습니다.

그리고 마지막에 우리는 투표를 통해 가장 우수한 작품 하나를 뽑았습니다.
무척 재미있는 작품인지라 여기서 감히 소개해볼까 합니다.

이날 우승한 분들이 골랐던 '마음 DO'는 '토하고 싶다'였습니다.
벌써부터 뭔가 새로운 이야기가 나올 것 같지 않나요?
얼핏 보기에도 이분들은 'DON' 되는' 동사를 고른 것 같습니다.
자 우편함이 왜, 어떻게, 무엇을, 토하고 싶은지 알아봅시다.

- 누가(Who)   : 우편함
- 마음 DO(Think)   : 토하고 싶다
- 왜 토하고 싶을까?(Why)   : 잊고 싶어서
- 어떻게 토하고 싶을까?(How) : 우웩! 우웩!
- 무엇을 토하고 싶을까?(What) : 카드 빚 많았던 지난날을

위의 내용을 다시 한 번 도표에 정리하고
도표 오른쪽 칸에는 이를 바탕으로 시를 써보았습니다.

WHO 누가	우편함	**제목 25일**
마음 DO ~하다	토하고 싶다	잊고 싶다 너를 잊고 싶어
WHY 왜?	잊고 싶어서	우웩 우웩 토해내며 잊고 싶다
HOW 어떻게	우웩 우웩	카드 빚에 허덕여 후회 많던 지난날을
WHAT 무엇을	카드 빚에 허덕이던 지난날을	

처음에 이분들은 '우편함'이라는 제목으로 시를 썼습니다.
하지만 '마음 DO'를 찾은 후,
'왜, 어떻게, 무엇을'을 생각하며 카드 빚을 떠올린 결과,

이 시의 제목을 카드 대금 결제일인 '25일'로 바꾸게 되었습니다.

다섯 가지 관점을 가지고 사물을 바라보면
아주 맛있는 이야기를 찾아낼 수 있고
숨어 있던 깊은 이야기들을 끄집어낼 수 있습니다.

이처럼 사물을 사람으로 간주하여
사물의 마음을 보는 '다섯 가지 관점'을
'오관법五觀法'이라고 이름 지었습니다.
그리고 이 '오관법'에서 가장 중요한 개념은 바로 '의인화'입니다.

앞에서 살펴본 '오감법'은 내가 사물이 되어
그것의 마음을 보는 것이 목적이었다면

'오관법'에서는 사물을 사람이라고 생각하고
그것이 '왜, 어떻게, 무엇을'을 생각하는지를
논리적으로 객관화함으로써
우리가 이전까지 볼 수 없었던 관찰의 눈을 뜨는 것이 핵심입니다.
동양 고전의 사서 중 『대학大學』에 보면 다음과 같은 말이 있습니다.

    心不在焉

    視而不見

    聽而不聞

마음이 없으면
　　　보아도 보지 못하고
　　　들어도 듣지 못한다

이처럼 '그것'을 보고자 하는 마음이 있어야
주의 깊은 관찰도, 자신만의 관점도 생겨납니다.

관점을 다르게 한다는 것은 창조적인 시선을 갖는다는 것과 같은 말입니다.
세상을 바라보던 기존의 습관에서 벗어나
새로운 관점으로 사물의 마음을 보는 것,
우리에겐 바로 그런 눈이 필요합니다.

그러면 의인화는 어떤 변화의 효과가 있을까요?

우리는 모든 것을 있는 그대로 받아들입니다.
사물은 사물로, 자연은 자연으로 말입니다.
그리고 그것에 대해 알고 있는 지식과 상식만으로
모든 것을 규정하고 받아들입니다.

하지만 새로움은 당연한 것을 뛰어넘는 데서 시작됩니다.
휴대전화를 휴대전화로만 봐서는
더 나은 휴대전화가 나올 수 없습니다.

이때 시인들은 휴대전화를 사람으로 바꾸어 생각합니다.
그래서 늘 새로움을 찾아내고 만들어야 하는 시인들에게
의인화는 생각의 기초이자 창조와 창의의 바탕입니다.

당신도 의인화를 잘 활용하면
금방 새로운 이미지를 창출하는 능력을 발휘할 수 있습니다.

다음은 '참붕어빵'이라는 과자 광고입니다.
이 광고는 실제로 이 회사의 최고경영자가 강의를 들은 후 만들어낸 것입니다.
의인화를 아주 잘 보여주는 사례 중 하나여서 소개해볼까 합니다.

내가
너한테
고백할 수 없는 이유는 ……
넌 항상
내 머리부터 먹거든!

축하드립니다
찰떡을 임신하셨어요 ……
그것도
쌍둥이를!

같은 과자인데도 제품을 의인화해 소개하니
소비자 입장에서 꽤 신선하게 느껴지는 것 같지 않으세요?
이처럼 의인화는 새로운 관점을 가질 수 있도록 도와줍니다.
그리고 새로운 관점으로 제품을 보면 새로운 소통이 가능해집니다.

의인화를 잘하려면 사물과 대화를 하면 됩니다.
그러기 위해서는 그 대상을 먼저 사람으로 만들어야 합니다.

당신은 가을비와 대화를 나눠본 적이 있나요?
처마 밑 고드름과 이야기해본 적이 있나요?
봄에 피어오르는 아지랑이와 토론해본 적이 있나요?

아래의 시는 제가 아는 어느 기업의 최고경영자가
가을비를 보고 쓴 시입니다.

> 가을비

> 가을비가 말을 걸어옵니다
> 깊어가는 가을만큼
> 너도 깊어가고 있느냐고

사물과 대화하려면 '오관법'의 다섯 가지 관점을 떠올리면서
그 대상의 마음을 읽어내야 합니다.

그러면 사물의 숨겨진 마음을 훨씬 더
다양하고 깊고 정확하게 볼 수 있습니다.

뿐만 아니라 그렇게 만들어낸
다섯 가지 관점을 연결하면 저절로 시가 되기에
당신도 얼마든지 멋진 시 한 편을 쓰게 되는 것입니다.
새로운 제품이나 서비스도 개발하고
부록으로 멋진 시도 한 편 만들고
나아가 시인의 감성으로 세상을 바라보는 눈을 갖게 됩니다.

당신이 만드는 제품과 이야기를 나누어보세요.
먼저 제품을 사람으로 만들고
제품이 무슨 말을 하고 싶어 할지,
그런 말을 왜 하고 싶어 할지,
그런 말을 어떻게 하고 싶어 할지,
'사관질통'을 통해 곰곰이 생각해보는 것입니다.

그러면 한 번도 만나보지 못한 새로운 생각을 만날 수 있습니다.
물론 혼자서 하면 재미가 덜 하겠지요.
여럿이 함께 모여 하면 '그룹 지니어스'가 발휘됩니다.

천수의인도와의 만남

어떻게 하면 의인화를 잘할 수 있을지 고민스럽나요?
의인화가 아직 많이 낯선 당신을 위해
좀 더 쉽게 의인화를 활용할 수 있는 방법을 찾아보았습니다.

사물이 아니라 사람에게 적용되는
동사와 형용사를 모아 도표를 만들어보았습니다.
아마 처음 시도된 작업이 아닐까 싶은데요.
혹시라도 먼저 만드신 분이 계시다면 이 말은 취소하겠습니다.

그리고 기억하기 쉽도록 이 도표의 이름을 생각해보았습니다.
혹시 〈천수관음도〉라는 그림을 아시나요?

'천수관음도'는 천 개의 손과 천 개의 눈을 가진
관음보살을 그린 것입니다.
이를 패러디해 저는 이 도표의 이름을 '천수의인도'라고 지었습니다.

조금 엉뚱하긴 하지만 잘 기억하고 활용하기 쉽도록 지은
이름인 만큼 너그럽게 봐주시면 감사하겠습니다.

이 '천수의인도'를 이용하면
아주 쉽게 새로운 개념의 제품을 상상할 수 있습니다.

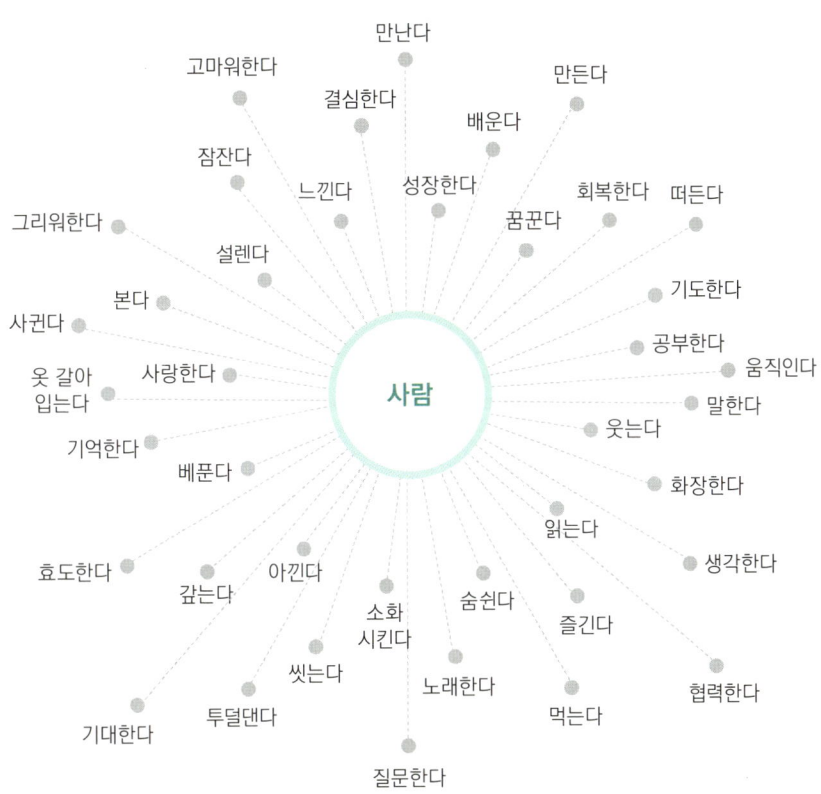

이 작은 도표가 뜻밖에도
사물의 다양한 마음을 들여다볼 수 있을 뿐 아니라
혁신적인 제품을 상상할 수 있는 도구가 된다는 것이지요.

특히 이 도구는 여러 사람이 모여서
사물의 새로운 마음을 찾을 때 대단히 유용합니다.
실제로 '천수의인도'를 산업 현장에서 적용한 결과
아주 큰 도움이 됨을 확인할 수 있었습니다.

이 유용한 '천수의인도'를 어떻게 사용해야 하는지 간단히 소개해보겠습니다.

만약 당신이 새로운 개념의 신제품을 만들고 싶다면
'천수의인도'의 가운데 동그라미 안에
당신이 생각하는 제품의 이름을 넣은 뒤
여러 동사들 중 새로운 개념이 나올 법한
맛있는 동사(형용사)를 직관적으로 서너 개 고르면 됩니다.

그리고 그 동사(형용사)의 의미를 발전시키면
신제품의 새로운 콘셉트를 생각해볼 수 있습니다.
약간 알쏭달쏭하시죠?
다음의 예를 읽어보면 금방 이해할 수 있으니 걱정 마세요.

투덜대는 소화기

앞장에서 살펴본 '소화기'를 예를 들어 설명해보겠습니다.
당신은 소화기 회사를 경영하는 사장입니다.
당신은 혁신적인 신제품을 만들어 세상을 깜짝 놀라게 하고 싶고,
어쩌면 큰돈을 벌고 싶을지도 모릅니다. 그렇다면 어떻게 해야 할까요?

이때 바로 '천수의인도'를 활용하시면 됩니다.
먼저 '천수의인도'의 사람 자리에 '소화기'라고 적으세요.

그리고 '천수의인도' 속 수많은 동사(형용사) 중에서
당신의 직관으로 가장 맛있어 보이는 동사(형용사)를
서너 개 골라보세요.

최고경영자용 프로그램에서 실습했던 결과물을 소개해보겠습니다.
저희가 가장 먼저 골랐던 동사는 '투덜댄다'였습니다.
'투덜대는 소화기'를 만들면 획기적이지 않을까 생각한 것이지요.

그렇다면 소화기가 투덜댄다는 것은 어떤 의미일까요?

일단 '투덜댄다'는 동사를 고른 뒤
투덜대는 소화기의 개념을 역으로 탐색해보는 것입니다.
이른바 '거꾸로 치는' 방법입니다.
저희가 연습을 통해 찾아낸 답은 이런 것이었습니다.

소화기에는 포말이 가득 들어 있습니다.
그런데 이 포말은 시간이 지나면 자연적으로 줄어듭니다.
그런데 어떤 소화기는 '이상 감모' 현상이 생겨서
포말이 일정 수준 밑으로 내려가는 경우가 있곤 합니다.
소화기로서의 기능을 제대로 하지 못하는 상황이 생기는 것이지요.

화재가 발생해서 드디어 소화기가 맹활약을 해야 할
결정적인 순간에 정작 포말이 얼마 없어 불을 끄지 못한다면
얼마나 큰 불행이 생기겠어요.
하지만 안타깝게도 우리는 소화기의 상태가 어떤지 알 수 없습니다.
왜냐하면 소화기는 그 속을 알 수가 없기 때문입니다.

하지만 우리가 생각해낸 '투덜대는 소화기'는 감지 장치가 달려 있어서,
포말이 일정 부분 밑으로 내려가면
시각적 혹은 청각적으로 경보나 신호를 보내는
'자가 진단 및 경보 기능'이 있는 소화기입니다.

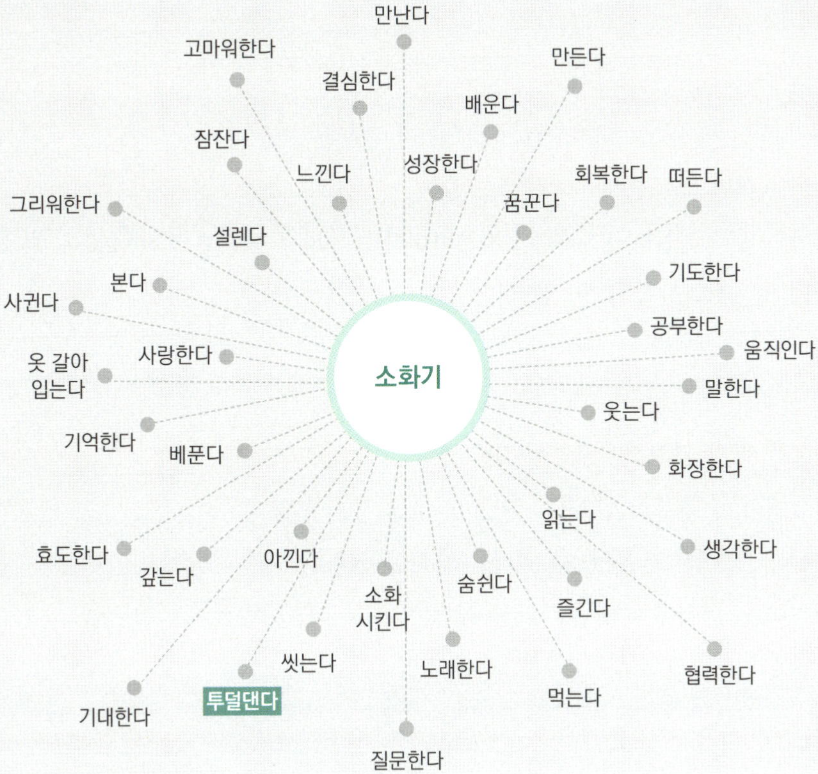

만난다
고마워한다 결심한다 만든다
          배운다
잠잔다 느낀다 성장한다
      꿈꾼다 회복한다 떠든다
그리워한다 설렌다
      본다   기도한다
사귄다   공부한다
옷 갈아 사랑한다   소화기   움직인다
입는다   말한다
      베푼다   웃는다
기억한다   화장한다
                  읽는다
효도한다 갚는다 아낀다 숨쉰다 생각한다
              소화   즐긴다
          씻는다 시킨다 노래한다 협력한다
      기대한다 투덜댄다   먹는다
              질문한다

이전까지의 소화기들과 다른 승부점을 갖게 되는 셈이지요.
만약 단돈 1만 원의 차이로
'자가 진단 및 경보 기능'이 있는 소화기가 출시된다면,
당신은 어떤 소화기를 구입하겠습니까?
아마도 많은 분들이 1만 원 더 지불하더라도 유사시 낭패를 겪지 않도록
'투덜대는 소화기'를 고를 것입니다.

이 사례는 '천수의인도'에서 '투덜댄다'라는
동사를 찾아 단순하게 출발했지만
시장에서 볼 수 없었던 '자가 진단 및 경보 기능'이 있는
혁신적인 소화기가 나올 수 있다는 놀라운 결과를 보여주었습니다.
한 번도 소화기에 대해 생각해본 적 없는 보통사람들이
단번에 혁신적인 소화기를 상상해낸 것입니다.

이제 '천수의인도'의 위력을 조금 눈치채셨나요?

당신이 만드는 제품이 어떤 것이든
'천수의인도'에 제품을 대입해
마음에 드는 동사(형용사)를 몇 개 골라보세요.

그리고 그 동사(형용사)가 상징하는 것이 무엇인지
여럿이 함께 모여 고민해보세요.
아마도 깜짝 놀랄 만한 결과가 나타날 것입니다.

어떠세요? 대박을 칠 수 있을지는 잘 모르겠지만
한 번도 소화기를 만들어본 적 없는 사람들이 모여
'투덜대는 소화기'라는 매우 획기적인 제품을 상상해냈습니다.

'천수의인도'가 보기에는 좀 그럴지 몰라도
여기에는 우리가 그렇게 찾아 헤매던
혁신과 창조의 씨앗을 찾을 수 있는 힘이 숨어 있습니다.
'투덜댄다' 외에도 아래 표를 사용해
다른 동사를 가지고 또 다른 소화기를 만들어보세요.

마음 DO	IDEATION	아이디어 평가
투덜댄다	소화기는 시간이 지나면서 포말이 줄어든다 소비자가 이 상황을 확인할 수 없으므로 소화기 스스로 경보음을 내고 신호를 보내는 자가 진단 및 경고 기능을 갖춤	A
변신한다		
숨쉰다		
말한다		

의인화를 해보면 사물에게도
사람의 마음이 그대로 적용된다는 사실을 확인할 수 있습니다.
그리고 누구나 "아, 그럴 수 있겠구나" 하고 공감하게 됩니다.

바로 여기가 공감이 이루어지는 지점입니다.
아시다시피 공감은 타인과의 소통을
가능하게 하는 아주 중요한 개념입니다.

이는 문학에서도 찾아볼 수 있는데요,
보이지 않는 것을 보고, 남들과 다르게 보는 눈을 가진
시인들이 쓴 시에서도 찾아볼 수 있습니다.

손광세 시인의 「담쟁이」라는 시입니다.
'오관법'을 통해 담쟁이가 왜 감싸고 있는지, 어떻게 감싸고 있는지
무엇을 감싸고 있는지 한번 살펴보겠습니다.

- 누가(Who)　　　　　　　: 담쟁이
- 마음 DO(Think)　　　　　: 감싸고 있다
- 왜 감싸고 있을까?(Why)　 : 살아 있게 하려고
- 어떻게 감싸고 있을까?(How) : 푸른 실핏줄로
- 무엇을 감싸고 있을까?(What) : 벽을

담쟁이덩굴
/ 손광세

눈발이 날리는
교실 창 밖
바위벽을
감싸고 있는
푸른 실핏줄.
팔딱팔딱
맥박이 뛰고 있었구나!
바위벽이
살아 있었구나!

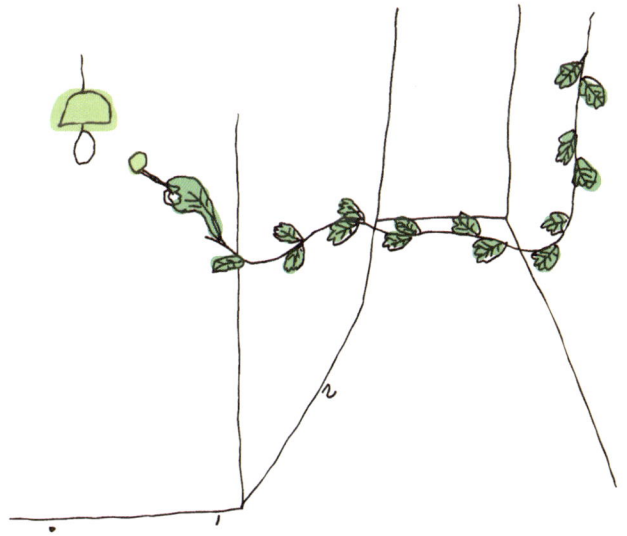

다섯 가지의 관점을 찾는 것만으로도
이야기의 논리 구조가 완벽해지는 것을 확인할 수 있지요?
그렇다면 이를 비즈니스에 적용하려면 어떻게 해야 할까요?
요령은 다음과 같습니다.

첫째, 본인의 회사 제품을 사람이라고 생각하세요.
의인화하는 것입니다.
둘째, '천수의인도'를 보고
그중 마음에 드는 동사(형용사)를 서너 개 고르세요.
셋째, 그 동사(형용사)와 제품을 연결해 콘셉트를 만들어보세요.

예를 들어 앞에서 살펴본 '투덜대는 소화기'처럼 말입니다.

제품을 기획한다는 것,
어떤 제품의 콘셉트를 정하는 것은 매우 어려운 일입니다.
흔히 우리는 기획을 잘하는 사람을 보고 독창성이 있다고 말하곤 합니다.
하지만 창조를 위한 번뜩이는 아이디어는 저절로 생겨나지 않습니다.

생각의 연습을 통해 사고가 확장되고
이것이 사람들에게 공감을 불러일으키고
더 나아가 상대방을 설득할 수 있다면
그것이 바로 시장에서 통하는 기획과 콘셉트입니다.

하나만 더 예를 들어볼까요?
얼마 전 '파워 체크 기능'이 있는
건전지 광고를 보고 깜짝 놀란 적이 있습니다.

이전까지 우리는 건전지의 남은 양을 체크할 수 없어서
전자제품의 작동에 이상이 생길 때마다
일차적인 주범으로 건전지를 의심해
아직 쓸 수 있는 건전지를 그냥 내버리곤 했지요.

하지만 '파워 체크 기능'이 있는 건전지는
소비자가 직접 건전지의 남은 양을 확인할 수 있게 함으로써
그동안 우리가 느꼈던 불편함과 오해를 풀어준 제품이라고 생각합니다.

이제 건전지는 더 이상 억울한 누명을 쓰지 않게 되었고
아직 수명이 남았는데 버려지는 일도 없게 되었습니다.

아마 이 건전지를 개발한 회사는
수많은 회의와 시행착오를 거쳤을 것입니다.
하지만 그들의 이 같은 혁신적인 생각의 이면에는
'의인화'의 공로가 숨어 있었으리라 짐작해봅니다.

그렇다면 위에서 배운 '오관법'과 '의인화'를 사용해서
어떻게 혁신적인 건전지가 나올 수 있었는지 확인해보겠습니다.

우선 건전지의 마음을 들여다보겠습니다.
'마음 DO'를 찾아보는 것이지요.

아마도 건전지의 마음으로 떠오른 수많은 단어 중에서
'보여주고 싶다'라는 동사(형용사)를 고른 것 같습니다.

'나는 아직 생명이 살아 있는데 사람들이 자꾸 버리니까
내가 살아 있다는 것을 보여주고 싶다'는
'건전지의 아픔'을 찾은 것입니다.

WHO 누가	건전지	**IDEATION** 파워 체크 기능이 있는 건전지
마음 DO ~하다	보여주고 싶다	
WHY 왜?	아직 살아 있는데 사람들이 자꾸 버리니까	
HOW 어떻게	눈금으로	
WHAT 무엇을	내 남은 생명을	

이를 표로 정리한 것입니다.

건전지의 마음을 들여다보고
'보여주고 싶다'는 동사(형용사) 하나를 찾았더니
신개념의 건전지를 생각해내게 되는군요.

평소에도 이처럼 '오관법'의 프레임으로
사물을 바라보는 연습을 해보길 적극 권합니다.

먼저 당신이 생각하는 사물을 하나 정하고
그다음 의인화해 그 마음을 읽어보세요.

'마음 DO'는 동사나 형용사로 이루어집니다.
그리고 '왜, 어떻게, 무엇을'을 찾아
당신이 생각한 동사(형용사)의 마음에
논리적인 구조를 만들어주는 것입니다.

이와 같은 과정을 거치다 보면 반드시
당신이 찾고 있는 새로운 생각의 씨앗이
새로운 개념으로 태어날 것입니다.

관찰의 눈을 뜨기 위한 생각거리

도종환 시인의 시 중에 「연두」라는 시가 있습니다.

   초록은 연두가 얼마나 예쁠까?
   모든 새끼들이 예쁜 크기와 보드라운 솜털과
   동그란 머리와 반짝이는 눈
   쉼 없이 재잘대는 부리를 지니고 있듯
   갓 태어난 연두들도 그런 것을 지니고 있다
   연두는 초록의 어린 새끼
   어린 새끼들이 부리를 하늘로 향한 채
   일제히 재잘거리는 소란스러움으로 출렁이는 숲을
   초록은 눈 떼지 못하고 내려다본다

어떤가요? 참 싱그러운 시이지요?
절기상 곡우가 되면 나무에는
여리여리한 새싹들이 매달립니다.

오래된 나뭇잎이 초록색이라면
이제 막 나오는 잎은 연두색입니다.
시인은 이런 상황을 살펴보고 「연두」라는 시를 썼습니다.

도종환 시인이 "초록은 연두가 얼마나 예쁠까?"라는
시의 첫 구절을 쓸 수 있었던 것은
나뭇잎을 사람으로 생각해 그 사람의 생각을
그대로 옮겨놓았기 때문입니다.
그런 다음 '왜, 어떻게, 무엇을'에 대해 찾은 것이지요.

- 누가(Who)   : 연두
- 마음 DO(Think)   : 예쁘다
- 왜 예쁠까?(Why)   : 초록의 어린 새끼여서
- 어떻게 예쁠까?(How)   : 초록이 눈 떼지 못하게
- 무엇을 예쁘게 할까?(What) : 출렁이는 숲을

그 결과 "연두는 초록의 어린 새끼"로 시작해
뒤이어 4행의 시가 만들어졌습니다.
이 부분이 이 시의 핵심이 아닐까 합니다.
'왜, 어떻게, 무엇을'을 찾음으로써
초록이 보기에 연두가 예쁘다는 논리적 설명이 가능해졌습니다.
2행에서 4행은 "새끼"들이 예쁜 일반적인 이유를 표현한 것이지요.

이때 '왜, 어떻게, 무엇을' 중에서
시인이 가장 중점을 두고 찾은 것은 무엇일까요?
"초록의 어린 새끼"라는 '왜'의 부분일 것입니다.
도종환 시인은 '왜' 부분에 중점을 두고 그 이유를 찾았지만

내용에 따라 어느 시인은 '어떻게'에,
또 어느 시인은 '무엇을'에 집중할 수도 있습니다.
그에 따라 시적 이미지가 확연히 달라지고
시인이 가지고 있는 저마다의 색깔이 드러나게 되겠지요.

무엇보다 이 시가 아름다울 수 있었던 것은
시인이 자연이나 사물을 사람으로 바꾸어놓은 뒤
그 마음을 들여다보았기 때문입니다.
사람이라고 생각하니 훨씬 자세히 들여다볼 수 있고
그 의미 또한 깊이 있게 살필 수 있게 된 것이지요.

소설가 고故 박완서 선생 생전에 경기도 구리에 집이 있었는데요,
집 안으로 들어서면 그리 넓지 않은
마당에 잔디와 각종 나무들이 있습니다.

그런데 선생은 해마다 봄이면 정원에 핀 꽃들에게 출석을 부르곤 했답니다.
봄꽃을 좀 더 잘 관찰하기 위해서였지요.

생각해보세요.
노老 소설가가 마당에 나가 자신이 만든 출석부를 들고
교실에서 아이들의 이름을 부르듯 꽃들의 출석을 부릅니다.
해당화, 산수유, 매화, 개나리, 진달래, 목련,
벚꽃, 살구꽃, 배꽃, 복숭아꽃, 철쭉……

아, 이 얼마나 아름다운 모습인가요?
상상만으로도 그 아름다움에 물들 것만 같습니다.
이 아름다움의 근원은
자연을 사람으로 보고 사람처럼 대한 데 있습니다.
이 모두가 '의인화'의 한 예인 것이지요.

도종환 시인의 대표 작품 중에
「흔들리며 피는 꽃」이라는 시가 있습니다.

도종환 시인은
"흔들리지 않고 피는 꽃이 어디 있으랴"로 시작되는
이 시를 쓰게 된 계기 역시 꽃을 사람으로 본 결과였다고 말합니다.

"길을 가는데 길 한쪽에
꽃이 한 무더기 피어 있는 것을 보았습니다.
문득 내 걸음을 멈추게 한 것은
코스모스처럼 생긴 작은 꽃이었는데, 주황색이었습니다.
코스모스는 흰색, 자주색이 많잖아요?
그래서 궁금했습니다.
'어라 이게 무슨 꽃이지?' 하고 꽃으로 다가갔습니다.
그런데 이때 바람이 살짝 불자
휘청 하고 흔들리는 겁니다.
'아니 바람이 이렇게 살짝 불었는데도 흔들리네.

그러면 사는 동안 내내 조금만 바람이 불면
이렇게 흔들리며 살았다는 얘기구나' 하고 생각했습니다.
그래서 '흔들리지 않고 피는 꽃이 어디 있으랴'가 나온 겁니다."

우리는 보통 꽃잎이 흔들려도
'얼마나 힘들까' 하고 생각하지 않습니다.
사람이 아니니까 그런 생각을 할 필요가 없는 것이지요.

하지만 시인들은 사물이나 자연을
늘 사람으로 여기고 사람으로 대합니다.
그러니 새로운 생각이 나올 수 있는 것이지요.

꽃을 사람으로 만들어 그 마음을 들여다보고 읽어내자
"흔들리지 않고 피는 꽃이 어디 있으랴"는
새로운 이미지를 찾아낸 것입니다.

이어 나오는
"젖지 않고 피는 꽃이 어디 있으랴"도 마찬가지입니다.
시인은 이렇게 말합니다.

"그 꽃잎을 들여다봤더니 꽃잎에 빗방울이 맺혀 있었습니다.
'저런 작은 바람에도 이토록 흔들리는데
비가 올 땐 얼마나 시달렸을까?'를 생각하게 됐지요.

비는 많은 꽃이 기다리는 것입니다.

비가 오지 않으면 꽃은 죽습니다.

하지만 기다리는 것들은 시련과 고난의 모습으로 옵니다.

그래서 '젖지 않고 피는 꽃은 없구나'라고 생각하게 된 것입니다."

시인들은 이처럼 사물의 마음,
자연의 마음을 찾는 데 온 힘을 기울입니다.
그래야 그 마음에서부터
새로운 이미지를 만들어낼 수 있으니까요.

그리고 그 마음을 논리적으로 설명할 수 있는
'왜, 어떻게, 무엇을'에 대한 이유를 찾아
그것을 문장으로 이으면 시적인 표현이 가능해지는 것입니다.

BOOK21

신간 및 베스트셀러

21세기북스는 급변하는 시대의 흐름 속에서 독자의 요구를 먼저 읽어내는 예리한 시각으로 〈칭찬은 고래도 춤추게 한다〉, 〈설득의 심리학〉 등 밀리언셀러를 출간하며 경제 경영 자기계발 분야의 독보적인 브랜드로서 자리매김했습니다.

 21cbooks   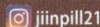 jiinpill21   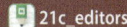 21c_editors

북이십일의 문학 브랜드 아르테는 세계와 호흡하며 세계의 우수한 작가들을 만납니다. 국내에 소개되지 않은 혹은 잊혀서는 안 되는 작품들에, 새로운 가치를 담아 재창조하여 '깊고 아름다운 책'을 만들고자 합니다.

 21arte   21_arte   staubin

베스트셀러

법의학자 유성호의 유언 노트
후회 없는 삶을 위한 지침서
유성호 지음 | 값 19,900원

"오늘의 유언이 내일의 삶을 위한 다짐이 된다!"
『나는 매주 시체를 보러 간다』 이후 6년, 매일 죽음을 만나는 유성호 교수가 1년에 한 번 '유언'을 쓰며 발견한 삶의 본질과 태도

입시를 책임지는 초3 수학 캠프
고학년 되기 전, 상위 1% 수학머리를 완성하라
류승재 지음 | 값 22,000원

"초3 수학이 수능 1등급을 결정한다!"
10년 뒤 대입까지 흔들리지 않는 수학 체력!
28년차 베테랑 수학 강사 류승재의 초격차 수학 강의

뇌가 멈추기 전에
서울대학교병원 뇌신경학자의 뇌졸중을 피하고 건강하게 오래 사는 법
이승훈 지음 | 값 19,900원

"앞으로 당신의 인생에 뇌졸중은 없습니다"
방치된 혈압, 혈당, 콜레스테롤, 심장 리듬을 되찾고
4가지 단계별 전략으로 백년 가는 뇌를 만들어라

오징어약사의 혈당 블로킹
식습관, 운동, 수면, 영양제까지 혈당 스파이크를 막는 4가지 방패
오징어약사(김선영) 지음 | 값 19,000원

당뇨 전 단계를 진단받고 약 없이 정상 수치를 회복한 현직 약사의
'3+1 혈당 블로킹' 전략! 식재료 선택부터 식사법, 운동법, 수면 루틴 등
혈당 관리를 위한 구체적 실천 도구를 제공한다

아이의 말 연습
무례함을 참지 않고 당당하게 말하는 대화 연습
김성효 지음 | 값 19,900원

"말하기도 연습이 필요합니다!"
대한민국 45만 교사들의 멘토, 28년 차 현직 교사의 생생한 인사이트
부모와 함께 감정을 이해하고 표현하는 연습하기

스테디셀러

곰탕 1, 2 (10만 부 판매 기념 에디션)
김영탁 지음 | 각권 값 17,900원

가장 돌아가고 싶은 그때로의 여행이 시작되었다!
영화 〈헬로우 고스트〉〈슬로우 비디오〉 김영탁 감독 첫 장편소설
독자들이 열광한 화제의 베스트셀러 10만 부 판매 기념 에디션

프레임
"최상의 프레임으로 삶을 재무장하라!"

최인철 지음 | 값 22,000원

프레임을 바꾸면 문제를 바라보는 관점이 바뀌고 마음가짐이
바뀌며 나아가 삶이 변화한다. 일생에 한 번은 꼭 읽어야 할
심리학 바이블이자 50만 독자가 선택한 스테디셀러

노희영의 브랜딩 법칙
기획, 개발부터 마케팅, 컨설팅, 경영까지!
전무후무한 브랜드 전략가의 30년 노하우

노희영 지음 | 값 22,000원

30여 개 브랜드의 성공 과정을 통해 트렌디한 콘셉팅 노하우,
허를 찌르는 마케팅 전략, 경영 기본 원칙, 퍼스널 브랜딩 방법 등
노희영을 대체 불가능한 존재로 거듭나게 한 비밀을 보여준다

세상에서 가장 쉬운 본질 육아
삶의 근본을 보여주는 부모, 삶을 스스로 개척하는 아이

지나영 지음 | 값 18,800원

"본질에 집중할 때, 내 아이가 빛나기 시작한다!"
한국인 최초 존스홉킨스 소아 정신과 지나영 교수가 전하는
궁극의 육아법
대한민국에 새 물결을 일으킬 육아 필독서!

천 번을 흔들리며 아이는 어른이 됩니다
사춘기 성장 근육을 키우는 뇌·마음 만들기

김붕년 지음 | 값 17,800원

"아이 스스로 불안을 마주하게 하라!"
대한민국 사춘기 부모&자녀 멘토 김붕년 교수의
예민한 시기를 넘어 단단한 인생으로 이끄는 성장 법칙

새로 나온 책

까불지 마, 인생 안 끝났어
인생 9할을 웃음으로 버틴 순자엄마의 65년 인생 내공 에세이
순자엄마(임순자) 지음 | 값 15,900원
"오늘도 조졌다고? 원래 그려. 살아보면 알아, 별일 아녀. 다 지나가!"
가난한 공장 소녀에서 쿨한 시어머니가 되기까지
순자엄마가 고단한 이들에게 전하는 세상에서 가장 따뜻한 응원

영수와 0수
김영탁 지음 | 값 17,900원
"죽기 위해 살려야만 하는 독특한 이야기!"
천선란 작가, 넷플릭스 〈D.P.〉 한준희 감독 강력 추천
웃음과 눈물, 재미와 사유가 함께하는 SF 미스터리
한국 SF 문학의 새 지평을 연 『곰탕』 김영탁 감독의 신작 장편소설

수연이네 사 남매 사계절 완밥 레시피
30분 만에 한 그릇 뚝딱하는 베스트 메뉴
유수연 지음 | 28,000원
"입 짧은 아이도 싹 비우는 완밥의 기적!"
'사계절 제철 식재료'부터 '아빠표 특별 레시피'까지
100만 인플루언서 수연이네의 온 가족 사계절 레시피 100선

어차피 내 인생, 망해도 멋있게
지옥에 첫발을 내딛는 너에게 꼭 들려주고 싶은 150가지 진심
이현석 지음 | 값 19,000원
"눈치 보지 마, 비교하지 마, 너의 속도대로 걸어가"
지친 하루하루를 보내는 젊은 세대에게 어설픈 위로보다
진심 어린 팩폭을 던지며 한 걸음 더 걸어갈 용기를 북돋워준다

휠 오브 타임(전3권)
로버트 조던 지음 | 값 165,000원
『반지의 제왕』『왕좌의 게임』그 이상의 세계,
세계 3대 하이 판타지『휠 오브 타임』한국어판 최초 출간!
차원이 다른 깊이와 스케일, 당신의 독서 인생을 뒤흔들 세기의 걸작
아마존 오리지널 드라마 〈휠 오브 타임〉 원작

새로 나온 책

제3의 응전
기계·인터넷·AI, 기술 혁명에 응답한 인간의 전략
모종린 지음 | 값 19,800원
"기술은 진보했고, 인류는 '문화'로 응전했다."
인간을 위한 기술, 그 방향을 묻다!
문화경제학자 모종린 교수의 AI 사회 리포트

치매 해방
알츠하이머병 세계적 권위자가 30년 연구로 밝힌 뇌 건강 프로젝트
묵인희 지음 | 값 19,900원
"깜빡깜빡하는 뇌가 두렵다면 누구나 읽어야 한다!"
발병 원인부터 조기 진단, 예방과 치료에 관한 가장 최신의 연구
뇌 인지능력 개선을 위한 두뇌 혁명 가이드

착하고 섬세하고 독특하고 완벽주의자인 당신을 위한 문장들
심리학자가 선사하는 고리타분한 말이 '삶의 언어'가 되는 순간
황준선 지음 | 값 17,000원
"나다운 삶을 위한 문장, 심리학의 시선으로 짚다!"
시대를 건너온 명사들의 힘 있는 말과 그 속에 담긴 인간 심리의 통찰
조용히, 하지만 깊게 스며드는 생활밀착형 인문·심리 자기계발서

데카르트의 아기
세계적 심리학자 폴 블룸의 인간 본성 탐구
폴 블룸 지음 | 김수진 옮김 | 값 22,000원
생각하는 존재의 탄생 - 인간성은 어디서 오는가?
현대 인지과학과 철학적 인간 이해의 핵심을 재정립한 명저!
스티븐 핑커가 극찬한 현대 심리학 필독서!

J.R.R. 톨킨 동화 선집(전5권)
어른을 위한, 아이와 함께 읽는 철학 동화
J.R.R. 톨킨 지음 | 크리스티나 스컬, 웨인 G. 해먼드, 벌린 플리거 엮음 | 값 128,000원
J.R.R. 톨킨이 지혜와 유머로 빚어낸 판타지 동화 선집
영국 유명 삽화가 폴린 베인스의 아름다운 삽화와 고품격 디자인으로
완성한 '책을 사랑하는 모든 이'들을 위한 특별 기프트 에디션

새로 나온 책

80/20 법칙, 80/20 법칙(행동편)
리처드 코치 지음 | 공병호, 박영준 옮김 | 값 각 24,000원
"사소한 것에 매달리지 마라,
모든 것을 결정하는 20%에 몰두하라!"
세계적 자기계발 대가들이 실천하는 성공 불변의 법칙

나이 들 용기
아들러 심리학 대가 기시미 이치로가 전하는 나이 듦의 지혜
기시미 이치로 지음 | 값 18,800원
"인생은 마라톤이 아니라 춤이다!" 200만 부 베스트셀러
『미움받을 용기』의 저자 기시미 이치로의 또 다른 위로
지금 이 순간부터 당당하고 자유롭게 살아가는 용기

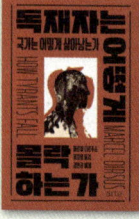

독재자는 어떻게 몰락하는가
국가는 어떻게 살아남는가
마르첼 디르주스(Marcel Dirsus) 지음 | 정지영 옮김 | 김만권 해제 | 값 30,000원
이코노미스트 선정 2024 최고의 책
소련공산당정치국 10년 연구·콩고민주공화국 현장연구
독재의 태생적 한계와 민주주의의 새 가능성을 밝히다

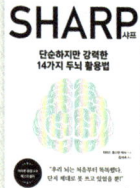

샤프
세계 최고 의료기관이 인증한 뇌과학으로 삶을 바꾸는 행동 전략
터리스 휴스턴 지음 | 값 22,000원
"우리 뇌는 처음부터 똑똑했다. 제대로 못 쓰고 있었을 뿐!"
명한 정신을 예리하게 가다듬는 실용적·과학적 실천 가이드
단순하지만 강력한 14가지 두뇌 활용법

철학의 정원
2000년 지성사가 한눈에 보이는 철학서 산책
시라토리 하루히코 지음 | 박재현 옮김 | 값 25,000원
"철학의 문턱을 낮추고, 생각의 깊이를 높이다!"
시대의 고전 100권으로 읽는 인류 지성사의 대도감
밀리언셀러 『초역 니체의 말』 시라토리 하루히코 신작

감성의 끝에 서기 3

연결과 융합의 눈 뜨기
오연법

연못과 어머니의 유사점 찾기

CEO들을 대상으로 운영하는 '시인들의 창조법을 통해 배우는
Think Different 최고위과정'에서는 모든 수업을 '단체전'으로 진행합니다.

왜냐하면 '마음 DO'를 찾을 때
혼자서는 기발한 단어를 찾기가 어렵지만 여럿이 힘을 모으면
상상 이상의 새로운 생각이 깃들기 때문입니다.
하지만 가장 마지막 수업을 하는 날에는
최우수 졸업생을 가리기 위해 딱 한 번 '개인전'을 합니다.

몇 달 전에 있었던 최고경영자용 프로그램의
마지막 수업에 있었던 일입니다.

열 장의 사진을 주고 각자 한 장씩 고르게 했습니다.
그리고 그 사진 속 사물의 마음을 찾게 했습니다.
과정 중에 배운 오감법, 오관법, 오연법, 오역법을 총동원해서 말이지요.

소요 시간은 15분 내외. 개인별로 주제를 뽑고
좋은 작품을 쓰기 위해 치열한 전쟁을 치렀습니다.

그러고 나서 시를 모두 모은 뒤
투표를 통해 가장 잘 된 시를 '오늘의 장원'으로 뽑았습니다.
그날 만장일치로 장원을 받은 작품을 소개할까 합니다.

이 시를 쓴 분은 변호사 직업을 가진 분이었습니다.
단체전을 할 때는 눈에 잘 띄지 않던 조용한 분이었는데
마지막 날 처음 하는 '개인전'에서 놀랍게도 '최우수상'을 받았습니다.

다음 페이지의 시를 읽어보면 아시겠지만
이 시에는 유사점을 찾는 과정이 숨어 있습니다.

앞에서 살펴보았듯이 '초코파이'가 '정'이 된 데에도 유사점이 숨어 있습니다.
초코파이는 '머시멜로우'가 있어 '끈적끈적'합니다.
그런데 그 끈적끈적한 느낌을 주는 것 중 하나가 '정'이지요.

초코파이 = 끈적끈적하다
끈적끈적한 것 = 정

초코파이가 '누가(Who)'라면,
'정'은 '새로운 누가(New Who)'로 비유된 것입니다.

연못

상처 내려고
던진 돌들에도

동심원을 만들 뿐
아프다는 말이 없는 연못

연못은
돌 가득한 울 엄마 가슴

최우수상을 받은 분이 선택한 사진은 '연못'이었습니다.
이분이 선택한 연못의 '마음 DO'는 '감싸준다'는 것이었으며
늘 누군가를 감싸주는 존재를 찾다 보니
'우리 엄마 가슴'을 생각해냈습니다.
그래서 연못을 우리 엄마 가슴으로 치환한 것입니다.

연못 = 감싸준다
늘 감싸주는 것 = 우리 엄마 가슴

연못이 '누가(Who)'라면
'우리 엄마 가슴'은 '새로운 누가(New Who)'로 비유된 것입니다.

다음 페이지의 표에서 보듯 다섯 가지의 연결 고리를 통해
마음을 찾은 뒤 이를 죽 연결했더니
아주 새롭고 멋진 한 편의 시가 탄생했습니다.

이 시가 장원을 한 이유는 연못 속에 있지도 않은
'우리 엄마 가슴'을 생각해냈기 때문일 것입니다.
만일 연못을 보고 연못에 대해서만 이야기했다면
큰 감동은 없었겠지요.

그럼 이분은 어떻게 연못에서
우리가 보지 못한 것을 볼 수 있었을까요?

WHO 누가	연못
마음 DO ~하다	감싸준다
NEW WHO 새로운 누가	우리 엄마 가슴
WHY 왜?	허물을 덮어주려고
HOW 어떻게	상처 내려고 던진 돌들에도 아프지 않은 척하면서
WHAT 무엇을	자식들의 잘못을

제목 연못

상처 내려고
던진 돌들에도

동심원을 만들 뿐
아프다는 말이 없는
연못

연못은
돌 가득한
울 엄마 가슴

여기에는 바로 '두 개의 동그라미'가 필요합니다.
이 두 개의 동그라미는 유사점을 연결하는 하나의 도구입니다.

여러 가지 마음 중 '감싸준다'라는 '마음 DO'를 찾은 후
구세군 냄비, 돌담, 우정, 사랑, 의리, 우리 엄마 가슴 중에서
'우리 엄마 가슴'을 찾아낸 결과,
연못과 아무 상관없는 단어를 연결시킬 수 있었습니다.
감싸준다는 유사점을 근거로 서로 연결시킨 것이지요.

여기서 우리는 엄청난 발견을 하게 됩니다.
21세기는 '융합의 시대', '연결의 시대'라고들 이야기합니다.
하지만 어떻게 해야 융합하고, 연결할 수 있는지는
아무도 알려주지 않습니다.

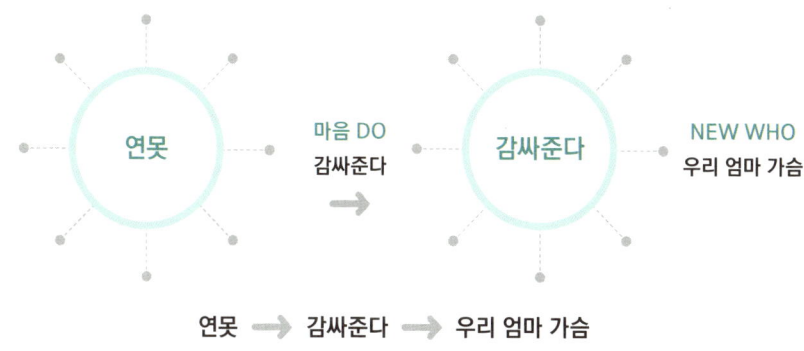

하지만 위에서 말한 두 개의 동그라미를 이용해
유사점을 연결하면 상상도 못했던 두 세계가
융합되고 연결될 수 있다는 사실을 확인할 수 있습니다.

감싸준다는 유사점을 통해
떨어져 있던 연못과 어머니가 연결되고
그 덕분에 연못은 어머니가 가지고 있는
감동과 추억과 위대함을 모두 활용할 수 있게 되었습니다.
이것이 바로 융합과 연결이 가진 놀라운 힘입니다.

사실 이 방법은 우리가 이미 경험한 적이 있습니다.
다만 그것이 무엇에 쓰이는지를 몰랐을 뿐이지요.

> 원숭이 똥구멍은 빨개, 빨가면 사과,
> 사과는 맛있어, 맛있으면 바나나,
> 바나나는 길어, 길으면 기차,
> 기차는 빨라, 빠르면 비행기,
> 비행기는 높아, 높으면 백두산

아마 이 노래를 모르시는 분은 없을 것입니다.
어린 시절 우리가 흥얼흥얼 따라 부르던 이 노래에는
놀라운 발견법이 숨어 있습니다.

그럼 노래를 한번 찬찬히 살펴볼까요?
원숭이에서 사과가 연상될 수 있었던 것은
'빨갛다'라는 유사점 때문입니다.

사과에서 백두산까지 이어질 수 있었던 것도,
맛있다, 길다, 빠르다, 높다의 유사점 때문입니다.
바나나와 기차는 '길다'라는, 기차와 비행기는 '빠르다'라는,
비행기와 백두산은 '높다'라는 유사점으로 연결되어 있지요.

그렇다면 어떻게 해야 유사점을 잘 찾을 수 있을까요?

그래서 저는 이것과 저것을 연결하고 융합하는
가장 쉬운 방법을 만들었습니다.
다섯 가지의 연결 고리를 가지고 찾는 일인 만큼
이 방법의 이름은 '오연법五連法'이라고 지었습니다.
말하자면 '유사점의 족보'라고나 할까요?

형태는 모양의 유사점이고
정서는 느낌의 유사점이며
상징은 의미의 유사점이고
행동은 움직임의 유사점이며
언어는 똑같은 말인데 뜻이 다른 유사점을 뜻합니다.

위에서 살펴본 '원숭이 똥꾸멍'으로 시작하는 노래를 분석해보겠습니다.

- 원숭이 똥꾸멍은 빨개, 빨가면 사과 : 빨갛다(형태 유사점)
- 사과는 맛있어, 맛있으면 바나나 : 맛있다(정서 유사점)

- 바나나는 길어, 길으면 기차 : 길다(형태 유사점)
- 기차는 빨라, 빠르면 비행기 : 빠르다(행동 유사점)
- 비행기는 높아, 높으면 백두산 : 높다(상징 유사점)

어떠세요? 우리가 어릴 적 부르고 놀았던 노래가
융합과 연결을 만드는 '유사점 찾기 놀이'라니, 신기하지 않나요?

또 하나의 사례를 들어보겠습니다.
인터넷에서 우연히 본 글인데 재미있어 소개해드리고자 합니다.

어느 초등학교 선생님이 시험 시간에
아이들에게 시험지를 나누어 주었습니다.
아이들이 문제를 풀 동안 이리저리 둘러보고 있는데,
유독 한 학생의 시험지가 눈에 들어왔습니다.

한 아이가 과학 시험지에 우산을 그려놓은 것이었습니다.
화가 난 선생님이 아이를 불러 물었습니다.

　　선생님 : 너 시험지에 낙서를 하면 어떡하니?
　　아이　 : 낙서 아니에요.
　　선생님 : 그럼 우산은 왜 그렸어?
　　아이　 : 과학 시험지에 비가 많이 내릴 것 같아서
　　　　　　미리 우산을 씌운 거예요.

이 말을 들은 선생님은 아이의 기발한 발상에 깜짝 놀랐습니다.

    선생님 : 아, 그랬구나. 다음번에는 과학 시험지에
              비가 덜 내리도록 노력해보자.
    아이   : 선생님! 그런데요,
              제 과학 시험지에 비 많이 내렸어요?
    선생님 : 글쎄, 내일 알려줄게.

이 학생의 놀라운 생각은 바로 유사점을 찾았다는 데 있습니다.
이 아이는 무엇과 무엇의 유사점을 찾은 것일까요?
'틀렸다'라는 단어에서 '작대기'를 떠올리고,
이어 '작대기'와 유사한 '비'를 생각해낸 것입니다.

왜 뜬금없이 유사점을 이야기하느냐고
의아해하는 분들도 있을 텐데요,
이 장에서는 유사점을 발견하면
새로움이 보인다는 점을 알려드리기 위해서입니다.

앞에서 살펴봤듯이 유사점을 찾으면
기존의 단어와 다른 단어를 연결해
새로운 이미지를 창조해낼 수 있습니다.
그리고 이렇게 작은 유사점을 찾는 것에서
'융합Convergence'이 시작됩니다.

특히 요즘 들어 '융합'이라는 단어를 아주 많이 사용하는데요.
21세기를 융합, 즉 '컨버전스 시대'라고 부르기도 합니다.
그렇다면 왜 현대 사회에서 융합이 그토록 중요하게 여겨지는 것일까요?

과거에는 개별 과학, 개별 학문으로 분화해
각자의 전문성을 중요하게 생각했지만,
오늘날에는 과거의 방식으로는 더 이상 새로운 것이
탄생할 수 없다고 판단했기 때문입니다.

그래서 서로 다른 학문, 서로 다른 기술,
서로 다른 장르의 서로 다른 생각과 제품을
하나로 합치려는 노력이 계속되는 것이지요.

연결과 융합은 저절로 이루어지지 않습니다.
그 이면에는 연결과 융합을 가능하게 하는
에너지가 숨어 있습니다.
그 에너지가 바로 '유사점'이라는 원리입니다.

나와 사물 혹은 사물과 사물을 연결하고 융합하는 것이
세상에 없는 새로움을 만들어내는 창조의 시작입니다.

융합을 부르는 유사점의 마술

이번에는 유사점 찾기를 통해 새로운 단어,
새로운 이미지를 만들어내는 연습을 해보겠습니다.

어느 자동차 회사에서 신제품 개발을 앞두고
새로운 자동차의 콘셉트를 어떻게 정할지 회의가 한창입니다.
같은 자동차라도 어떤 이미지로 포장하느냐는 매우 중요하니까요.
직원들은 세상에 없는 차별화된 아이디어를 내놓기 위해
아마 골머리를 썩고 있을 것입니다.

하지만 앞에서 말한 유사점 찾기 도구를 활용한다면
얼마든지 신개념 자동차를 만들어낼 수 있습니다.
자, 자동차를 한번 떠올려보세요.

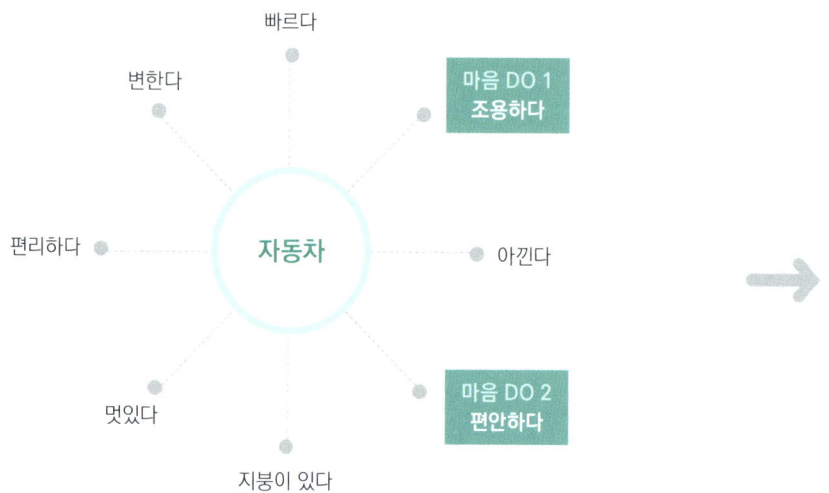

앞에서 살펴봤듯이 자동차의 '마음 DO'를 찾으면 됩니다.
자동차의 '마음 DO'는 무엇일까요?

조용하다, 편안하다, 빠르다, 변한다, 편리하다, 멋있다,
지붕이 있다, 아낀다 등을 떠올릴 수 있을 것입니다.

그 중에서 '조용하다'라는 형용사가 눈에 띄네요.
그럼 '조용하다'의 유사성을 찾아보겠습니다.

'조용하다' 하면 무엇이 떠오를까요?
새벽, 성당, 공원, 침묵, 호수, 갤러리, 외딴섬 등이 있겠네요.

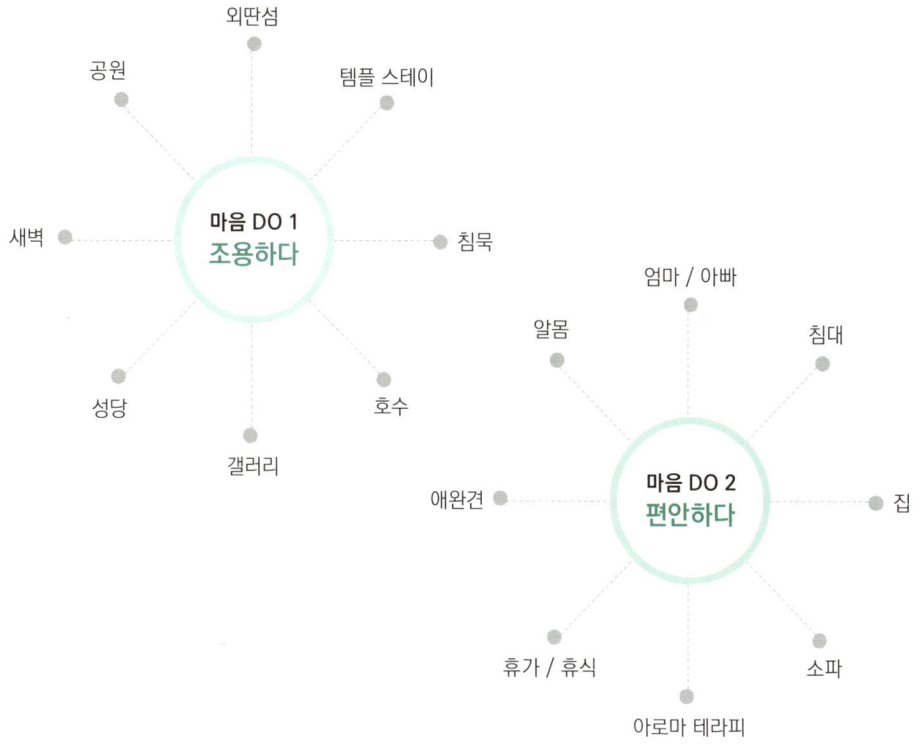

'편안하다'라는 형용사를 가지고 하나만 더 찾아보지요.
'편안하다' 하면 떠오르는 단어들을 적어보세요.
소파, 집, 애완견, 엄마 아빠, 아로마 테라피, 휴식,
침대, 알몸 등이 있을 수 있지요.

자 이제 연결하는 일만 남았습니다.
자동차와 마지막에 찾은 단어들을 서로 결합해보세요.

'자동차는 템플 스테이이다'
'자동차는 공원이다'

이렇게 말입니다.
어떠세요, 매우 간단하지요?

'템플 스테이'를 하듯 명상과 성찰이 가능한 자동차.
'공원'처럼 각종 자연의 소리와 향기를 느낄 수 있는 자동차.
이렇게 아주 쉽게 아이디어를 도출할 수 있습니다.

한 자동차 회사의 워크숍에 참가한 분들이
'유사점의 족보'를 이용해 찾아낸
새로운 자동차의 다양한 콘셉트입니다.

옆의 도표에서 혁신적인 콘셉트를 몇 개 골라보겠습니다.

- 2단 케이크 모양의 자동차(형태)
- 템플 스테이처럼 명상과 성찰을 할 수 있는 자동차(정서)
- 공원처럼 각종 자연의 소리와 향기를 느낄 수 있는 자동차(상징)

이렇게 형태, 정서, 상징 등으로 연상해보니
쉽게 유사점을 찾을 수 있지 않나요?

자동차는 [공원]이다 / [공원] 같은 자동차

이렇게 '오연법'은 새로운 차원의 제품을 생각해낼 때
큰 도움을 주는 활용법입니다.

언젠가는 우리나라 최고급 차량 중
'템플 스테이' 콘셉트의 차가 선보일지도 모르겠네요.

어느 날 커피믹스를 만드는 기업의 CEO가
최고경영자용 프로그램에 참석했습니다.

'초코파이' 하면 '정'이 떠오르는데
'커피믹스' 하면 딱히 떠오르는 것이 없던 터라
우리는 다 같이 '커피믹스'를 가지고 연습해보기로 했습니다.

세 명씩 조를 짠 뒤
먼저 커피믹스의 마음을 찾은 다음 유사성을 찾아내고
이를 새로운 단어와 연결하도록 했습니다.
그리고 그것들을 그대로 옮겨 쓰면 시가 된다고 말씀드렸지요.
시간은 단 15분이었습니다.

먼저 첫 번째 팀이 만든 작품을 볼까요?

　커피믹스

　언제나 한결같이
　고단한 나의 삶을
　안아주는 너!

　편안한
　고향이다

첫 번째 팀이 찾아낸 커피믹스의 콘셉트는 '고향'입니다.
커피믹스를 고향처럼
고단한 삶을 달래주는 대상으로 보았네요.
고향이라는 콘셉트로 훌륭한 시가 탄생했습니다.

이 시를 바탕으로 커피믹스 광고에 활용할 수 있는
멋진 카피를 만들 수도 있을 것 같습니다.

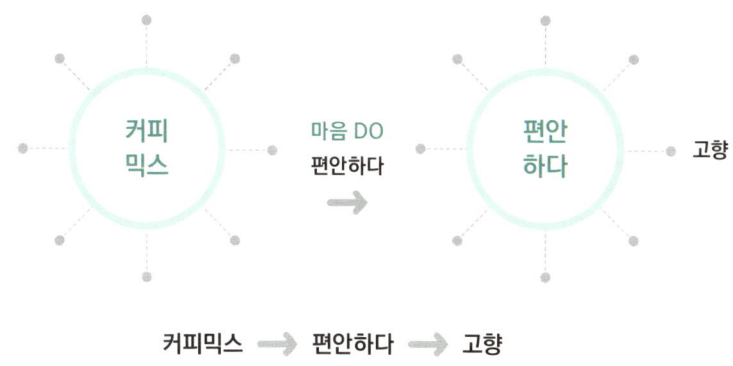

예컨대 '고향 커피믹스'라는 이름의 신상품을 뜯으면
다음과 같은 카피가 새겨진 커피믹스가 나오는 것입니다.
'뒷동산', '물레방아', '숨바꼭질', '우물가', '초가집' 등등.

규격화된 커피믹스 속에서
아날로그의 감성이 묻어나는
신제품을 만들 수도 있을 것입니다.

두 번째 팀이 찾아낸 커피믹스의 콘셉트는 '첫사랑'입니다.
커피믹스 속에 숨겨진 첫사랑의 추억을 찾아낸 것입니다.

커피믹스

달콤한
첫사랑의 추억
허전한 내 마음을 위로해주네

쌉싸름하게

이 역시 첫사랑을 소재로 한 광고를 만들 수 있을 것 같습니다.
예를 들면 회사가 마케팅 차원의 '첫사랑 캠페인'을 벌이는 것이지요.
첫사랑이 생각나는 배우를 모델로 기용할 수도 있고요.

누구나 살면서 가슴 속에 첫사랑의 아련한 추억
하나쯤 가지고 있기 마련이지요.
소비자들은 첫사랑이 생각날 때마다 이 회사의 커피믹스를 마시며
대리만족을 느낄 수도 있을 것입니다.

또한 첫사랑을 콘셉트로 하는 신제품도 출시할 수 있습니다.
연인의 사랑하는 마음처럼
커피믹스 두 봉지를 하나로 묶은 '커플 커피믹스'

첫사랑 같은 달콤함을 강조한 '첫사랑 커피믹스'
아름다움, 아픔, 그리움 등 첫사랑을 떠오르게 하는 단어들과
기존의 커피믹스를 결합해
얼마든지 새로운 제품을 만들어낼 수 있습니다.

세 번째 팀이 찾아낸 커피믹스의 마음은
'커피믹스 > 섞였다 > 다문화'입니다.

커피믹스라는 단어 속에 숨겨진 '다문화'를 찾아낸 것이지요.
커피와 설탕과 크림이 섞인 것처럼 말입니다.

이 발상을 통해 커피믹스는 한 단계 더 발전할 수 있습니다.
비로소 '커피'에서 벗어날 수 있는 길이 열렸기 때문입니다.

건강에 좋은 녹용, 인삼, 레몬이 첨가된
'기능성 녹용 믹스'를 만들 수도 있습니다.
건강에도 좋고 맛도 좋은 이 같은 믹스된 새로운 제품들을
커피믹스라는 용기에 넣을 수 있게 되는 것입니다.

이렇듯 '오연법'은 기업에서 적극 활용하면,
신제품을 개발하는 데는 물론
마케팅을 하는 데 있어서도 아주 유용합니다.

오연법을 이용해 제품의 카피 만들기

이처럼 사물의 마음을 찾고, 그것의 유사성을 찾아
새로운 단어나 개념을 만들어 연결하는 것이
바로 이 시대가 요구하는 융합이자 혁신입니다.

유사점 찾기는 제품 개발 단계에서도 사용할 수 있지만,
이미 출시된 제품을 홍보하는 데도 적극 활용할 수 있습니다.

사람의 마음을 훔치는 한 줄의 카피를 통해
소비자에게 그 제품의 이미지를 각인시키는 것입니다.

우선 우리에게 익숙한 광고 카피들을 소개해보겠습니다.
유사점을 연결해 이미지 제고에 성공한
제품 광고 카피는 우리가 생각하는 것 이상으로 많습니다.

"리듬을 마신다!"

위의 카피는 데킬라 광고입니다.
어떻게 '데킬라'라는 술에서
'리듬'이라는 단어를 찾아낼 수 있었을까요?

먼저 '술' 하면 '흥겹다'를 떠올릴 수 있습니다.
그리고 흥겨울 때 우리는 리듬에 맞춰 몸을 흔들지요.

데킬라 〉 흥겹다 〉 리듬
데킬라 ➡ 리듬을 마신다

데킬라와 리듬의 '흥겹다'라는 유사점을 보지 못했다면
이 카피는 나올 수 없었을 것입니다.

"겨울, 입술에 시가 흐른다"

이것은 어떤 제품의 카피일까요?
바로 '립크린'이라는 입술보호제입니다.

'입술' 하면 '촉촉하다'가 떠오르고,
'촉촉한 것' 중 하나는 '시'입니다.

입술 〉 촉촉하다 〉 시
립크린 ➡ 겨울, 입술에 시가 흐른다

이렇게 유사점을 연결하는 간단한 방법으로
"겨울, 입술에 시가 흐른다"는 멋진 카피가 나올 수 있었습니다.

"아르마니 양복을 입은 근육질의 남자"

'알티마'라는 자동차를 만든 회사는
'알티마' 자동차가 가진 속성들을 살펴본 후
'세련되고 멋있다'와 '힘 좋고 파워풀하다'라는
단어를 발견한 것 같습니다.

알티마 〉 세련되고 멋있다 〉 아르마니 양복
알티마 〉 힘 좋고 파워풀하다 〉 근육질의 남자
알티마 ➡ 아르마니 양복을 입은 근육질의 남자

이렇게 자동차를 아르마니 양복과 근육질의 남자와 연결함으로써
제품의 독특한 이미지와 커뮤니케이션을 만들어낼 수 있었습니다.

"주말엔 바람이 된다"

위크엔드는 "주말엔 바람이 된다"라는
카피로 많은 고객을 확보할 수 있었습니다.
'주말'에서 '자유로움'을 생각했고, '자유로움'에서 '바람'을 떠올린 덕에
심금을 울리는 멋진 카피가 나올 수 있었습니다.

주말 〉 자유롭다 〉 바람
위크엔드 ➡ 주말엔 바람이 된다

어떤가요? 앞에서 소개해드린 "원숭이 똥꾸멍은
빨개, 빨가면 사과" 노래와 같은 방법이지 않나요?

마지막으로 하나 더 살펴보겠습니다.
아래 카피를 보고 어떤 제품인지 한번 유추해보세요.

"내 공부방에는 밤에도 태양이 뜬다"

한밤중 컴컴한 공부방에 태양이 뜬다니 도대체 어떤 제품일까요?

'공부방'과 '밝다'의 유사점을 찾으면
어렵지 않게 제품을 떠올릴 수 있습니다.
바로 어두운 공부방을 환히 비추는 '스탠드'입니다.

공부방 〉 밝다 〉 태양
스탠드 ➡ 내 공부방에는 밤에도 태양이 뜬다

신제품을 개발하고, 기존의 제품을 멋진 카피로 탈바꿈시키는 데
연결과 융합의 창조법이 얼마나 큰 힘을 발휘하는지
충분히 느낄 수 있었으리라 생각됩니다.

이 창조법은 제품뿐만 아니라
브랜드의 이미지를 구축하는 데도 도움이 됩니다.

"안전한 식품, 바른 먹거리를 만드는 회사가 되고 싶다"

이런 마음을 가진 한 식품 회사가 있었습니다.
그래서 이 회사는 "바른 먹거리를 통해
고객의 건강과 행복을 지키겠다"고 약속했습니다.
그러자 소비자들은 자신들이 나아가야 할 방향을
분명하게 제시한 이 회사를 신뢰하고 사랑하게 되었습니다.

이렇게 회사의 정체성이 정해지자 직원들 역시
"우리는 바른 먹거리를 만드는 사람들이니까
제대로 만들어야지" 하는 생각으로 힘을 모았습니다.

그 결과 이 회사는
'대한민국 브랜드 대상' 대통령상을 수상했고,
2010년 매출 '1조 클럽'에 가입했으며,
대한민국 지속 가능성 지수KSI 종합식품 부문
1위 기업이 되는 탁월한 성과를 만들어냈습니다.

이 회사의 이름은 '풀무원'입니다.

그리고 이와 같은 기업을 만든 것은
다름 아닌 풀무원의 '남다른 마음'이었습니다.
이런 '특별한 마음'을 마케팅에서는
'브랜드 아이덴티티'라고 부릅니다.

이처럼 자신만의 브랜드 아이덴티티를 갖는 일은 매우 중요합니다.
우리가 사물의 마음을 보는 법을 알아야 하는 이유도 바로 여기에 있습니다.

제품, 더 나아가 회사의 마음을
소비자에게 전달하는 것보다
더 훌륭한 마케팅은 없기 때문입니다.

풀무원의 경우처럼 가슴 속에 담겨 있던
아주 특별한 마음을 내걸고
소비자들과 약속한 회사들이 있습니다.

- "피부에 좋은 천연 화장품"을 선사하고 싶다
    - '더 페이스샵'의 마음
- "거품을 뺀 여행 상품"을 선사하고 싶다
    - '노랑풍선'의 마음
- "위험이 가장 적은 자동차"를 선사하고 싶다
    - '볼보자동차'의 마음

지금 당신이 제품을 개발하는 사람이라면,
한 번쯤은 제품의 마음, 회사의 마음을
들여다보는 것은 어떨까요?

그리고 이것을 어떻게 소비자들에게 전달할지는
앞에서 알려드린 유사점을 찾는 방법을 통해
그 해답을 찾으면 됩니다.

융합이란 어려운 일이 아닙니다.
위의 사례에서도 보았듯이 누구나 쉽게 할 수 있는 일입니다.
단 그 대상을 자세히 관찰하고 오래 보려는 마음이 있고,
또한 '유사점의 마술魔術'을 이해하고
적극 활용한다면 얼마든지 가능합니다.

연결과 융합의 눈을 뜨기 위한 생각거리

아래 시 한 편을 감상해볼까요?

> 사랑
> / 김용택
>
> 밤길을 달리는데
> 자동차 불빛 속으로 벌레들이 날아와 유리창에 부딪쳐 죽는다
>
> 필사적이다

그런데 이 시, 참 이상하지요?
제목은 사랑인데, 사랑에 대한 이야기는 없고
밤에 벌레들이 자동차 불빛으로 달려드는 이야기만 나옵니다.
도대체 어떻게 이런 시가 나왔을까요?
바로 치환 때문입니다. 치환 역시 유사점 찾기로 이뤄집니다.

시인은 먼저 '사랑'이라는 단어의 마음을 살핍니다.
그러고는 '필사적이다'라는 단어를 찾고, 다시 그 단어에서 연상되는
명사를 떠올려 '벌레'를 선택한 것입니다.

그러자 '사랑은 필사적인 벌레다'라는 비유가 나왔습니다.
사랑이 벌레가 된 것이지요.

그런 뒤 '사랑'은 시의 제목으로 놓아두고
시의 내용은 벌레가 밤에 필사적으로
자동차 불빛을 향해 달려드는 모습만을 표현합니다.
필사적이라는 유사점 때문에 벌레가 자동차 불빛으로 달려드는 모습이
사랑에서 비롯되었다는 시적 논리가 만들어진 것입니다.

그런데 이렇게 생각할 수도 있습니다.
김용택 시인은 늘 "시는 자연이 하는 소리를 듣고
그대로 옮겨 쓰는 것"이라고 말합니다.

예를 들면 이런 것입니다.
봄이 되어 진달래가 필 즈음이면 우는 새가 있습니다.
바로 소쩍새입니다.
새의 울음소리가 '소쩍소쩍' 한다고 해서 '소쩍새'라고 부른답니다.

그런데 이 새가 어느 해 봄에는
'소쩍소쩍'이 아니라 '소텅소텅' 하고 운다는군요.
그러면 그해는 흉년이 든답니다.
'소텅'이라는 울음소리가 '솥이 텅텅 빈다'는 뜻이기 때문이라네요.
이렇게 새가 하는 소리를 듣고 옮기는 것이 바로 시라는 말입니다.

그러면 「사랑」이라는 시에서
'자연이 하는 소리'는 어떤 것일까요?

'벌레가 자동차 불빛을 향해 달려들어
유리창에 부딪쳐 죽는 소리'일 것입니다.
그리고 그것이 곧 '사랑'이라는 의미입니다.

시인은 이 사랑이라는 소리를 어떻게 들었을까요?
'사랑 〉 필사적이다 〉 벌레'라는 등식일 수도 있고,
'벌레 〉 필사적이다 〉 사랑'이라는
반대의 등식을 통해 생각해낼 수도 있습니다.

이처럼 하나의 단어에서 유사점을 통해 또 다른 새로운 단어를
창출해내는 방식이 연결법이며, 곧 융합의 방법입니다.

이 방법을 통해 아름다운 시를 쓸 수도 있고,
획기적인 융합 아이디어를 창출할 수도 있습니다.
그래서 많은 시인들이 이와 같은 방법을 통해 시를 창작하는 것이겠지요.

양성우 시인도 이런 방식으로 시를 쓰곤 합니다.

어느 날, 어디론가 친구가 사라졌습니다.
이후 소식 한마디 없던 친구가 불현듯 나타났습니다.

시인은 너무나 반갑고 서럽기까지 해서
"이 무정한 사람아, 어디 갔다 이제 오는가" 하면서
두 손 들어 친구를 맞이합니다.

이것이 시의 내용입니다.
그래놓고는 시의 제목을 떡하니 '입춘'이라고 붙였습니다.

입춘은 봄이 온다는 뜻입니다.
그런데 봄이 오는 이야기는 없고
온통 친구 이야기만 해놓고는 입춘이라니요?
어떻게 그럴 수 있었을까요?

'입춘 〉 온다 〉 친구'라는 등식을 만들어
친구 이야기로 입춘을 설명한 것입니다.

어떤가요?
'입춘'을 설명하기 위해
전혀 생각지도 못한 단어의 의미로 풀어내는 것,
이것이 시의 융합적 매력입니다.

감성의 끝에 서기 4

역발상의 눈 뜨기
오역법

외딴집도 소란스러울 수 있다

'역발상' 하면 어떤 생각이 먼저 드나요?
많은 사람들이 역발상이 새로운 생각을 만들어낸다고 말합니다.

하지만 모두들 역발상을 이야기하면서도
그 방법에 대해서는 아무도 말해주지 않습니다.
그러면서 거꾸로 생각하라, 반대로 생각하라고만 강조하지요.
생각의 전환을 하라는 말인데, 이게 어디 말처럼 쉬운 일인가요.

말로 들어서는 이해가 되지만
머리와 마음이 함께 움직이지 않으니 말입니다.
그래서 이번에는 역발상을 할 수 있는
가장 쉬운 방법을 알려드리고자 합니다.

여기까지 이 책을 읽은 분이라면,
어쩌면 그 답을 쉽게 찾아낼 수 있을 것입니다.

왜냐하면 역발상 또한 사물의 마음을 보는 것에서 출발하기 때문입니다.
만약 사물의 마음을 보았다면, 그 마음을 뒤집기만 하면 됩니다.

그렇다면 먼저 시인들이 어떻게 역발상을 하는지부터 알아본 뒤
본격적으로 출발하겠습니다.

산가山家 1
/ 안도현

외딴집이다

둘러보니
아기원추리 집 한 채
도라지꽃 집 한 채
뻐꾸기는 집이 여러 채.

외딴집이 아니다
소란스런 한복판이다

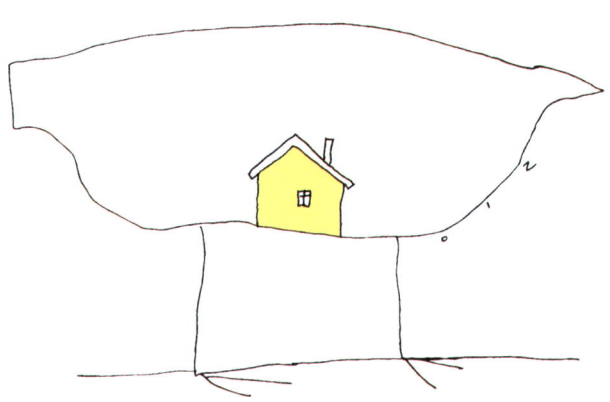

이 시는 역발상을 활용해 우리가 생각하지 못한
새로운 이미지를 만들어냈습니다.

자, 외딴집 한 채가 있다고 가정해보겠습니다.
외딴집의 주변 분위기는 어떨까요?

외진 곳에 있으니 조용하고 고요할 것입니다.
그래서 우리의 고정관념은 '외딴집은 조용하다'로 인식합니다.

그런데 시인은 외딴집이 '조용하지 않다'고 말합니다.
되레 "소란스런 한복판"이라고 말합니다.
'조용하다'라는 '마음 DO'를 뒤집어 '시끄럽다'고 표현한 것입니다.
이것이 바로 역발상입니다.

그렇다면 외딴집이 왜 소란스러운지를 찾아봐야겠지요?
여기서 바로 보이지 않는 것을 보고 남들과 다르게 보는
시인의 눈이 필요합니다.
외딴집이 왜 시끄러운지, 어떻게 시끄러운지,
무엇이 시끄럽게 하는지를 찾아보겠습니다.

외딴집인데 소란스럽다면
아마도 그 집 주변에 사람들이 가득해서 그럴지도 모릅니다.
서로 하고 싶은 말을 다하니 온 동네가 시끄러울 테고요.

시인은 외딴집이 시끄러운 이유를
둘러보니 주위에 여럿이 있어서라고 했습니다.

- 누가(Who) : 외딴집
- 마음 DO(Think) : 시끄럽다
- 왜 시끄러울까?(Why) : 아기원추리, 도라지꽃, 뻐꾸기 집이 있어서
- 어떻게 시끄러울까?(How) : 다 같이 모여 떠들면서
- 무엇을 시끄럽게 할까?(What) : 마을 한복판을

'왜, 어떻게, 무엇을'을 찾아내자
외딴집이 시끄러울 수 있는 논리적 구조가 탄탄해졌습니다.

이렇듯 새로움을 볼 수 있는
또 하나의 중요한 키워드가 바로 '역발상'입니다.
그러면 어떻게 역발상을 하는지
그 방법을 하나씩 알아보겠습니다.

동사나 형용사를 뒤집어라

역발상은 막연하게 생각을 뒤집는 것이 아닙니다.
먼저 사물의 마음, 즉 '마음 DO'를 찾은 뒤
그 동사나 형용사를 뒤집는 것이
역발상을 하는 가장 간단하면서도 명쾌한 방법입니다.

이는 곧 모든 역발상 속에는 동사나 형용사의
'마음 DO 뒤집기'가 숨어 있다는 뜻입니다.
그러므로 동사 혹은 형용사를 찾지 못하면 역발상을 할 수 없습니다.

역발상을 좀 더 쉽게 익힐 수 있도록 다섯 가지 방법으로 정리해보았습니다.
반대되는 개념을 생각해내는 방법으로는
역설, 모순, 반전, 재명명, 변신 등이 있습니다.

이렇게 역발상을 할 수 있는 다섯 가지 방법을
'오역법五逆法'이라고 이름 지었습니다.

이를 통해 아주 쉽고 재미있게 역발상을 함으로써
세상을 뒤집어보는 즐거움을 당신에게 선사하고자 합니다.

첫 번째 방법은 '역설'입니다.

방금 앞에서 살펴본 안도현 시인의 시처럼,
사물의 마음을 뒤집는 것은 '역설'의 가장 쉬운 방법입니다.

역설법을 사용하는 이유는,
대상이 가지고 있지 않은 속성을 찾아내는 데
목적이 있기 때문입니다.

우리가 그 대상을 아무리 보고, 듣고, 만진다 해도
고정관념이 있다면 새로운 속성을 찾아내기 어렵습니다.
바로 이때 역설이 필요한 것이지요.

예를 들어 '지구'라는 대상을 떠올리면
'돈다'라는 동사를 생각할 수 있습니다.
그렇다면 '돈다'의 반대말은 무엇일까요?
바로 '서 있다'이겠지요.
이렇게 동사를 뒤집으면 '지구는 서 있다'라는 역발상이 가능합니다.

흔히들 '골프공'은 '하얗다'라고 알고 계시지요?
'하얗다'라는 동사를 뒤집어보세요.
'색깔이 있다', '컬러풀하다'가 나올 수 있지요.
'다양한 색의 골프공'이라는 역발상이 탄생하는 것입니다.
실제로 '볼빅Volvik'은 색깔 있는 공을 생산해
업계의 돌풍을 일으킨 바 있습니다.

또 뉴욕에서 유행한 '짝짝이 양말'인
'리틀미스매치드삭스Little Miss Matched Socks'도 마찬가지입니다.
'양말은 모두 쌍Pair이다'라는 개념을 '쌍이 아니다'로 뒤집어
왼발과 오른발의 모양이나 색이 다른
'짝짝이 양말'을 개발한 것입니다.

이런 예는 무궁무진합니다.
와인을 보고 '병으로 사서 마신다'는 개념을 떠올렸다면
이를 '병으로 마시지 않고 잔으로 마신다'로 바꾸는 것입니다.
이를 적용시켜 가게에서 와인을 잔으로 팔거나

야외에서도 쉽게 즐길 수 있도록
한 잔 분량이 담긴 와인이 탄생한 것입니다.

이 같은 제품들은 모두 사물의 원래 마음을 바꿔
그에 따른 방법을 찾아낸 놀라운 결과물들입니다.

두 번째 방법은 '모순 잇기'입니다.

모순을 잇는다는 말이 조금 어려울 수 있으니,
예를 들어보겠습니다.

자, 여기 고추가 있습니다.
보통 고추는 맵다고 생각하지요.
'맵다'라는 동사의 반대 개념을
연이어 적어보기만 하면 됩니다.

"고추는 맵지만 맵지 않다"

그렇다면 맵지 않은 고추가 나올 수도 있겠네요.
이미 시중에는 맵지 않은 고추가 나와 있습니다.
잘 아시다시피 오이와 고추를 접합해 만들어낸 '오이고추'입니다.

어떻게 이런 발상이 가능했을까요?

'맵지 않은 고추'를 먹고 싶은 사람들의
아픔을 찾아냈기 때문일 것입니다.

한 가지 예를 더 들어볼까요?
'자전거' 하면 무엇이 떠오르나요?
자연적으로 '굴러간다'라는 동사가 따라붙겠지요.
위에서처럼 '굴러간다'의 반대 개념을 연이어 적어보세요.

"자전거는 굴러가지만 굴러가지 않는다"

굴러가지 않는 자전거의 탄생입니다.
이 역시도 우리 주변에서 이미 볼 수 있는 제품입니다.
자전거는 이동 수단이기도 하지만 운동 도구로서도 훌륭합니다.
하지만 자전거를 타고 멀리까지 갔다올 수 없는 사람들을 위해
'실내에서 탈 수 있는 자전거',
즉 '굴러가지 않는 자전거'를 만들어낸 것입니다.

"침대는 가구가 아니야"

우리 귀에 아주 많이 익은 카피이지요?
이 방법은 제품의 카피를 만드는 데도 매우 유용합니다.
'침대는 가구다'를 뒤집어,
'침대는 가구이지만 가구가 아니다'를 만든 경우입니다.

침대는 일반적인 가구들과 달리
과학적인 원리가 숨어 있다는 측면에서
아마도 이런 카피를 만들었으리라 생각됩니다.

맛있기로 소문난 식당 중에
욕쟁이 할머니가 운영하는 집을 종종 보게 됩니다.
많은 손님들이 할머니에게 욕을 먹기 위해
식당을 찾는다고 말하곤 합니다.

대체 이런 상황은 어떤 모순 잇기 개념에서 비롯된 것일까요?

식당 주인과 종업원은
손님에게 친절해야 하는 것이 기본 중의 기본입니다.
그런데 '친절하다'의 반대 개념을 붙이면
'친절하지만 친절하지 않다'가 됩니다.

친절하게 '알아서 갖다 드세요'라고
써 붙여놓은 셀프서비스가 되겠네요.
더불어 할머니의 욕은 호통이 아니라
이 집을 더욱 매력적으로 만드는 결정적인 메리트가 되었습니다.

가령 당신이 택시 회사의 사장이라고 가정해보세요.
당신은 택시 시장에 혁명을 불러일으킬 아이디어가 필요합니다.

먼저 택시하면 무엇이 떠오르나요?
떠오르는 생각들을 적어보세요.

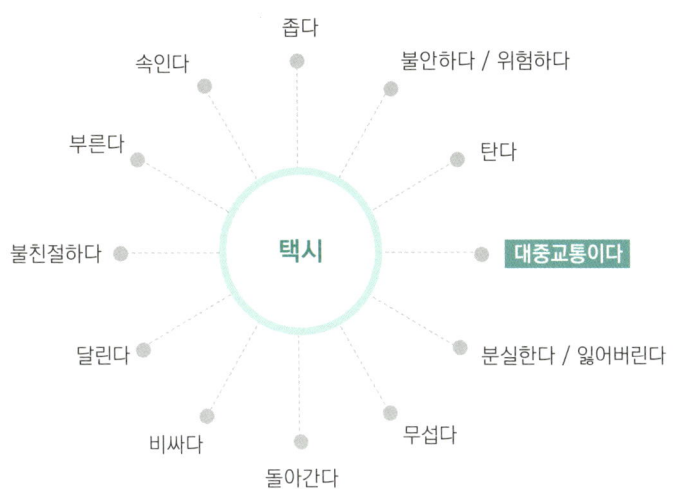

'택시는 대중교통이다'가 눈에 띄네요.
또 택시를 자주 이용하는 승객들이라면
'불안하고 위험하다'는 생각도 종종 할 것입니다.
그러면 앞에서 말한 모순의 방법을 적용해볼까요?

"택시는 대중교통이지만 대중교통이 아니다"

대중들이 모두 사용하는 교통수단이 아니라면
개인을 위한 교통수단으로 만들 수 있지 않을까요?
예를 들어 '비즈니스 전용 택시'는 어떨까요?
택시 안에서 노트북 사용이 가능하고
방음 장치가 되어 있어서 프레젠테이션이 가능한
택시를 만드는 것입니다.

바쁜 직장인들에게 이동하는 데
소요되는 시간은 낭비처럼 느껴지기 마련입니다.
그런데 이런 택시가 생긴다면
자투리 시간도 효과적으로 사용할 수 있게 되겠지요.

혹은 비행기 의자처럼
휴식과 수면이 가능한 편안한 의자를 탑재해서
'힐링 택시'를 만들어보는 것은 어떨까요?
잠깐 동안이나마 이동하는 승객들이 푹 쉴 수 있게끔
의자에 안마 기능도 넣고,
편안한 음악도 흘러나오게 하는 것입니다.

실제로 현대카드와 기아자동차가 공동으로 개발한
'마이 택시'가 있습니다.
택시는 불편하다는 생각을 뒤집어
'불편하지 않은 택시'를 만든 것입니다.

혼잡한 도시 교통에 어울리도록 소형 택시를 만들어
모든 서비스를 승객 중심으로 재구성한 신개념 택시입니다.

승객의 탑승 및 예약 여부를 파악하고,
승객이 공간을 확보할 수 있도록
조수석을 과감하게 제거함으로써
가방이나 유모차 등의 짐을 안전하게 보관할 수도 있습니다.

역발상의 세 번째 방법은 '반전'입니다.

설명하기에 앞서 먼저 시 한 편 감상해보시지요.

비 오는 날
/ 김용택

하루 종일 비가 서 있고
하루 종일 나무가 서 있고
하루 종일 산이 서 있고
하루 종일 옥수수가 서 있고

하루 종일 우리 아빠 누워서 자네

비도 나무도 산도 옥수수도 모두 서 있습니다.

그러면 사람들은 당연히 서 있는 것들만 생각하게 됩니다.
그때 갑자기 시인은 아빠는 "누워서 자네"라고 말합니다.
예상하지 못한 상황을 등장시켜 반전을 꾀한 것이지요.

시를 읽으며 우리는 작은 재미를 느끼게 되는데요.
예상 밖의 즐거움 때문입니다.

네 번째 방법은 '재명명',
즉 새롭게 의미를 부여하는 것입니다.

담배를 예로 들어 생각해보겠습니다.
담뱃갑 안에는 스무 개비의 담배가 들어 있습니다.
하나같이 똑같은 모양을 하고 있지요.
게다가 담배 개비에는 이름도 없습니다.

담배 개비에 '이름이 없음'을 인식하고 각각 이름을 붙여볼까요?
어떤 것은 추억, 어떤 것은 열정, 어떤 것은 고독 등으로 말입니다.

그러면 담배를 꺼낼 때마다
선택의 재미를 느낄 수 있지 않을까요?
지금은 추억을, 오후엔 열정을, 내일은 고독을 피우는 것이지요.
이로써 담배는 단순한 기호품에서 벗어나
하나의 감성 상품으로 새롭게 태어나는 것입니다.

시바타 도요しばた とよ라는 한 일본인이 있습니다.
그분은 아흔두 살에 시를 쓰기 시작해서
아흔아홉 살에 첫 시집을 출간했습니다.
그분의 인생이 묻어난 통찰 때문이었을까요?
이 책은 일본에서 놀라운 판매고를 올렸습니다.

그분의 시에서도 역발상을 엿볼 수 있었는데요,
「저금」이라는 시를 보면 그분이 '저금'이라는 개념을
새로운 의미로 바꾼 것을 알 수 있습니다.

보통 저금은 통장에 돈을 모으는 것이라고 생각하지요.
하지만 그분은 '저금'이란
자기 마음속에 친절을 모으는 것이라고 말합니다.

사람들이 친절하게 대해주면
마음속에 그것들을 저금해둔다는 것이지요.
그러고는 힘들거나 외로울 때
저금해둔 친절을 꺼내 되새길 수 있으니
연금보다 더 좋다고 말합니다.
이렇게 '저금'이라는 단어의 개념에
새로운 의미 부여를 하는 것 또한
일종의 역발상이라고 할 수 있습니다.

역발상을 하는 마지막 방법은 '변신'입니다.

사물의 마음을 떠올린 뒤
그 동사나 형용사를 계속해서 연결함으로써
원래의 단어를 '변신'시키는 것입니다.
아래 시를 한번 살펴볼까요?

> 머플러
> / 문정희
>
>
> 내가 그녀의 어깨를 감싸고 길에 나서면
> 사람들은 멋있다고 말하지만
> 나는 그녀의 상처를 덮는 날개입니다
> 쓰라린 불구를 가리는 붕대입니다
> 물푸레나무처럼 늘 당당한 그녀에게도
> 간혹 아랍 여자의 차도르 같은
> 보호벽이 필요했던 것은 아닐까요

머플러는 원래 바람을 막아주는 기능을 하는 천입니다.
그런데 언제부터인지 바람을 막는 기능과 함께
멋을 내는 도구로 변신했습니다.
문정희 시인의 시에서는 머플러가 "날개"로도
불구를 가리는 "붕대"로도 변신합니다.

이를 비즈니스에 적용해보면,
원래 머플러가 가지고 있는 기능에 또 다른 기능을 추가해
다른 용도의 머플러를 만들 수도 있을 것입니다.

우리가 일하고 있는 사무실의 경우도 마찬가지입니다.
예전에는 사무실은 사무실이고, 집은 집이었습니다.
'사무실' 하면 바로 '일한다'가 떠올랐지요.

하지만 여기서 그치지 않고 그와 반대되는 의미의
'쉰다'라는 단어를 이어보는 것입니다.
그러면 쉬는 기능을 하는 집이 사무실로 들어와
오피스텔이라는 새로운 주거공간이 생겨나는 것입니다.

예를 들어 한 전철역이 있습니다.
전철역의 기능은 사람들이 전철을 탈 수 있도록
플랫폼 역할을 하는 곳입니다.
여기서 생각해낼 수 있는 개념은 '탄다'가 전부일 것입니다.

하지만 다른 의미의 동사나 형용사를 이어보면 어떻게 될까요?
산다(백화점, 쇼핑몰), 먹는다(음식점), 본다(영화관, 공연장) 등을
전철역과 연결시켜보는 것입니다.

그럼 어떤 전철역이 만들어질까요?

백화점 건물과 전철역을 연결해
고객들의 이동 거리를 단축시킬 수 있고,
전철역 안에 끼니를 해결하는 음식점을 만들 수도 있고,
영화관이나 공연장, 쇼핑몰이 함께 있는
복합 문화 공간으로서의 전철역도 가능하지 않을까요?

마음을 뒤집으면 새로움이 보인다

자, '오역법'에 대해 배웠으니
이제 배운 것을 연습해보는 시간입니다.

운동화 하나를 머릿속에 떠올려보세요.
그리고 '운동화' 하면 떠오르는 것들을 적어봅니다.

앞에서 살펴본 것처럼 대상의 아픔,
즉 Pain Point를 찾으면 훨씬 수월하게 찾아낼 수 있습니다.
당신이 운동화를 신을 때 느꼈던 장점과 단점을 적어보는 것이지요.

앞모양이 둥글다, 더럽다, 굽이 없다, 사이즈가 한정적이다,
장소에 구애받는다, 끈이 있다 등의 개념을
나열할 수 있을 것입니다.
이제 운동화의 마음을 보고 찾은 동사나 형용사를 뒤집어보세요.

더러워지지 않는다, 사이즈에 상관없도록 스판 재질이다,
탈부착 굽이 있다, 양복에도 신을 수 있다 등의 개념이 만들어집니다.
어떤가요? 이렇게 동사를 뒤집는 것만으로도
신개념 운동화를 만들 수 있는 생각의 씨앗이 생겨났지요?

예를 하나 더 들어보겠습니다.
우리가 흔히 마시는 우유의 마음을 한번 찾아보세요.

달콤하다, 상하기 쉽다, 어린이들이 먹는다, 하얗다 등을
떠올릴 수 있을 것입니다.

이렇게 찾은 동사들을 뒤집어보면
맵다, 상하지 않는다, 노인들이 먹는다,
빨갛고 노랗다는 생각의 씨앗이 생겨납니다.

이런 역발상을 바탕으로 색다른 우유를 만들어보는 것입니다.
매운 우유, 신선도를 자가 진단하는 우유,
주부용과 노인용 우유, 색깔이 있는 우유…….

어떠세요? 이제 역발상의 마력이 어느 정도 느껴지나요?

최고경영자용 프로그램에서도
'마음 DO 뒤집기'를 통해 역발상 연습을 해보았습니다.
이날의 주제는 고드름이었습니다.

추운 겨울 지붕 끝에 고드름이 매달려 있네요.
위의 사진을 보여주고 고드름의
'마음 DO'를 찾아보도록 했습니다.

그중 어떤 분이 '차갑다'는 동사를 찾았습니다.
이 '차갑다'라는 동사를 뒤집으니 '뜨겁다'가 되었습니다.
이어서 '왜, 어떻게, 무엇을'까지 찾아보았습니다.

WHO 누가	고드름
마음 DO ~하다	차갑다
마음 Do 뒤집기	뜨겁다
WHY 왜?	사랑의 눈물이니까
HOW 어떻게	밤새 제 몸을 녹이면서
WHAT 무엇을	겨울을

제목 고드름

떠난 그대 보고파
제 몸 녹이며
밤새 흐느낀다

겨울이 흘리는
뜨거운 사랑의 눈물

어떤가요?
동사를 뒤집고 '왜, 어떻게, 무엇을'까지 생각한 다음
이를 죽 나열해보니 아주 멋진 시 한 편이 탄생했지요.

평소에는 생각지도 못했던
'고드름은 뜨겁다'라는 역발상을 어렵지 않게 해낸 것입니다.

역발상은 결코 어려운 것이 아닙니다.
만약 당신의 회사에서 역발상이 필요하다면
일단 회사 제품의 '마음 DO'를 찾은 다음
그 마음을 뒤집어서
'왜, 어떻게, 무엇을'로 연결하기만 하면
전혀 생각지도 못한 아이디어가 나올 수 있습니다.

그것이 바로 시인들의 역발상 사고법이자
역발상을 통한 새로운 개념 창작법입니다.

역발상의 눈을 뜨기 위한 생각거리

벌레 먹은 나뭇잎

/ 이생진

나뭇잎이 벌레 먹어서 예쁘다

귀족의 손처럼 상처 하나 없이

매끈한 것은

어쩐지 베풀 줄 모르는

손 같아서 밉다

떡갈나무 잎에 벌레구멍이 뚫려서

그 구멍으로 하늘이 보이는 것이 예쁘다

상처가 나서 예쁘다는 것은

잘못인 줄 안다

그러나 남을 먹여가며

살았다는 흔적은

별처럼 아름답다

공원을 산책합니다.

떨어진 나뭇잎 하나를 주워봅니다.

벌레가 먹었는지 잎에 구멍이 숭숭 뚫려 있습니다.

몸에 구멍이 나니 예뻐 보이지 않습니다.
못생겨진 것입니다.

그런데 시인은 이런 모습을 보고
"예쁘다"고 말합니다.
도대체 무엇 때문에 예쁘다는 표현이 나왔을까요?
예쁘다는 표현의 근거가 무엇일까요?

가을에 빨갛게 단풍든 나뭇잎을 보노라면
하나 주워 간직하고도 싶습니다.
그런 나뭇잎은 몸에 상처가 없습니다.
사람들은 상처가 없어야, 빛깔이 예뻐야 좋아합니다.
그래야 아름답다고 느끼기 때문이지요.

사람들은 보통 벌레 먹은 나뭇잎을 보면 어떻게 하나요?
아마도 본체만체할 것입니다.

혹 벌레 먹은 줄 모르고 집었다가도
그 잎에 상처 난 것을 보는 순간 이내 내려놓고 맙니다.

왜 그럴까요?
아름답지 않다고 느끼기 때문입니다.
이것이 보통사람들의 일반적인 생각과 행동입니다.

그런데 시인은 다르게 말합니다.
나뭇잎에 구멍이 뚫려 있어서 더 "예쁘다"고 말합니다.

시인의 눈에 비친 나뭇잎은
'벌레에게 제 몸을 뺏긴 것이 아니라
벌레에게 제 몸을 내주고
벌레를 먹여가며 산 흔적'이기 때문입니다.

도종환 시인은
이를 "연민의 눈으로 사물을 보는 방식"이라고 말합니다.
"연민의 눈으로 사물을 본다는 것은
시인의 눈으로 본다는 것"이라고 강조합니다.

여기에 역발상적 사고가 담겨 있습니다.
나뭇잎의 '못생겼다, 예쁘지 않다'는 마음을 뒤집어서
'예쁘다'로 바꿔놓고 그 이유를 찾는 것입니다.

시에서는 이런 사고를 '낯설게 하기'라고 말합니다.
'낯익은 것을 낯설게 하기'로 사고하면
기존의 것을 반대로 만들어 새로움을 창출할 수 있습니다.
그러다 보니 어떤 시인은
'낯선 것을 낯익은 것'으로 만들어내기도 합니다.

그래서 최금진 시인은 『시인, 시를 말하다』에서
"너는 부디 바로 보라,
나는 기어이 거꾸로 보마"라고 단언하기도 하고,

장옥관 시인은 『유쾌한 시학 강의』에서
"시를 쓰려는 사람은 익숙한 것에서
낯선 것을 발견하는 눈을 가져야 한다"면서
"역발상은 시적 긴장을 얻는 데 가장 효과적인 방법이니
선/악, 미/추, 대/소, 조/저, 장/단, 청/탁 따위의
개념을 반대로 규정해보라"고 말합니다.

이것이 우리가 시를 통해 배우는
'역발상'법의 묘미입니다.

3부

시인들의 창조법 활용하기

당신은 지금 '초월의 길'을 향해 여행 중입니다.

여기까지 아주 잘 따라오셨습니다.
이제는 지금까지 익힌 것들을
여러분 스스로 직접 경험해볼 시간입니다.

어떤 것이든 실제로 경험해보는 것,
그래서 몸으로 익히는 것이
얼마나 유용하고 중요한지 잘 알고 있을 것입니다.

'몸으로 익히기' 하면 떠오르는 분이 있습니다.
소설가 고故 최명희 선생입니다.
최명희 선생은 대한민국 불후의 명작 중 하나인
대하소설 『혼불』의 작가이지요.
『혼불』은 순우리말 사전이라고 불릴 만큼
고유 언어를 많이 활용한 작품입니다.

사실 이 불후의 명작은 그냥 나온 것이 아닙니다.
최명희 선생은 사전을 시집 읽듯 했다고 합니다.

사전을 항상 책상머리에 놓아두고
필요한 단어를 찾을 때도 보고, 무료할 때도 보고,
쓸쓸할 때도 보고, 심심할 때도 보고,

전화를 받다가도 그냥 사전을 펼쳐서 넘기곤 했다지요.
그렇게 단어와 익숙해진 것입니다.

또 시집을 읽고 그 시에 나오는 단어를
자신만의 작은 수첩에 옮겨 적으며 다시 익혔다고 합니다.
어느 것은 잘 알고 있다고 생각했는데
전혀 다른 의미를 가지고 있었고,
어느 것은 전혀 알지 못한 단어도 있었답니다.

길을 가다 간판 이름 하나를 보더라도
그냥 지나치는 것이 아니라
그 간판 이름으로 문장을 만들어보기도 하고
이름 앞이나 뒤에 단어를 넣어
어떻게 달라질 수 있는가를 생각하며 걸었다고 합니다.

이런 경험들은
자신이 몰랐던 단어는 새로 깨치고,
잘못 알고 있었던 단어의 의미는 다시 생각해보고,
또 알고 있는 단어들을 서로 연결함으로써
융합적인 사고를 할 수 있는 바탕이 됩니다.

얼마나 놀라운 일입니까?
소설가라면 말을 만드는 데 있어서

이미 탁월한 능력을 가지고 있을 텐데
그럼에도 이렇게 끊임없이 단어를 익히고,
문장 만들기나 말 만들기 연습을 한다는 것이 말이지요.

이러한 노력들이 『혼불』이라는 명작을 낳는
크나큰 원동력이 된 것입니다.

새로움을 창출하려면 감성의 끝에 서야 합니다.
그리고 감성의 끝에 서기 위해서는
사물의 마음을 보는 연습이 필요합니다.

이것이 이 책의 3부가 존재하는 이유입니다.
그러니까 3부는 여러분이 지금까지 읽어온
앞의 내용들을 직접 실습해보는 마당입니다.

실습을 통해 정말로 시가 써지는지,
새로운 아이디어가 도출되는지 확인해보는 것입니다.
이 과정을 함께하면서 당신은
시가 써질 때마다, 아이디어가 나올 때마다
기쁨과 환희로 벅차오를 것입니다.

좀 더 큰 기쁨을 느끼려면 되도록
여럿이 모여 해보기 바랍니다.

혼자서는 생각의 한계,
떠오르는 단어의 한계 때문에 쉽지 않을 수 있습니다.
여럿이 모여 단어 맞히기 놀이를 하듯이,
토론하며 단어를 찾아보고 문장을 이어보는 것입니다.

자, 그러면 지금부터 실습을 시작해볼까요?

사물의 마음을 보는 연습 1

오감을 열면
감성의 눈이 떠진다
오감법

자연이나 사물의 마음을 보기 위해서는
'나 자신이 그것이 되어야' 합니다.

이것을 시학詩學에서는 '일체화'라고 하지요.
꽃의 마음을 보기 위해서는 스스로 꽃이 되어야 하고,
의자의 마음을 보기 위해서는 스스로 의자가 되어야 합니다.

더 정확히 말하면 나 자신이 꽃이 처한 상황,
의자가 처한 상황 속으로 온전히 들어가
그 마음을 느껴야 합니다.

우리는 늘 모든 사물을 사람의 관점에서 보려고 합니다.
내가 사물이 되어 직접 그 마음을
보아야겠다는 생각은 하지 못하지요.

그러면 어떻게 해야 사물의 마음을 알 수 있을까요?
앞장에서 배웠듯이 내가 그 사물이 되어
무엇을 보고, 듣고, 느끼고, 말하고, 행동하는지
혹은 보고 싶고, 듣고 싶고, 느끼고 싶고,
말하고 싶고, 행동하고 싶은지를 찾아보면
사물의 마음을 알아낼 수 있습니다.

그동안 '시인들의 창조법을 통해 배우는
Think Different 최고위과정'에 참여했던 분들이
어떻게 사물의 마음을 찾았는지
그 사례를 함께 살펴보도록 하겠습니다.

여기 풀잎 하나에 여러 개의 이슬이 맺혀 있습니다.
저는 강의에 참석한 분들에게
"풀잎에 맺힌 이슬의 마음을 찾아보세요"라고 말했습니다.

이슬의 마음을 보려면 어떻게 해야 할까요?
'이슬이 무슨 생각을 하고 있을까?'라고
질문을 해보면 됩니다.

여기서 이슬은 대상, 즉 'WHO'입니다.
이슬에 대한 시를 쓰는 것이니 제목도 이슬이라고 정합니다.
그리고 '무슨 생각을 하는지'는 '마음 DO'로 표현합니다.
이때 생각, 즉 '마음 DO'는 '동사나 형용사'로 나타냅니다.

만약 당신이 이런 질문을 받았다면
어떤 생각이 떠오를까요?
지금 떠오르는 생각을 동사나 형용사로 적어보세요.
아마도 여럿이 모여 찾는다면 당연히
훨씬 더 많은 이슬의 마음을 찾을 수 있겠지요.

- 두렵다(굴러 떨어질까 봐)
- 반짝인다(햇볕에 반사되어)
- 보호하고 싶다(옆에 작은 아이들이 있어서)
- 아쉽다(금방 사라질 것 같아서)
- 작아지고 싶다(몸집이 커서 금방 떨어질 것 같아서)
- 어디로 가볼까?(데구르르 구를 수 있으니까)

이 중에서 어떤 마음을 고를까요?

이미 앞에서 설명했던 것처럼
가장 'DON' 되는 것을 고르면 됩니다.

이슬의 다양한 마음 중
풀잎 위에 맺힌 이슬이 '떨어질까 봐 두렵다'고
생각한 분이 꽤 많았습니다.

그리고 '어디로 가볼까'라고 생각한 분은
천진난만한 마음을 드러낸
매우 독특하고 새로운 관점이라고 할 수 있습니다.
그렇다면 '어디로 가볼까'를 선택한 이유를 살펴볼까요?

이렇게 찾아낸 이유들의 단어와 문장을 이어보자
이슬에 관한 짧은 시 한 편이 탄생했습니다.

WHO 누가	이슬	제목 이슬
마음 DO ~하다	어디로 가볼까?	동글동글 데구르르
WHY 왜?	동글동글 데구르르 굴러가니까	어디로 가볼까

만약 당신이 똑같이 '어디로 가볼까'라는
이슬의 마음을 찾았더라도 그 이유는 충분히 다를 수 있습니다.
따라서 탄생하게 될 시의 내용 또한 달라지겠지요.
당신만의 새로운 시가 탄생하는 것입니다.

이제 이와 같은 방법으로 당신이 직접 해볼 차례입니다.

여기 낡은 운동화가 있습니다.
그러면 'WHO'가 '낡은 운동화'이고,
제목도 '낡은 운동화'가 되겠지요.
먼저 이 낡은 운동화의 마음을 찾아보세요.
그러기 위해서는 이 낡은 운동화와 일체화를 해야 합니다.
이 운동화는 오랫동안 주인과 함께 했나봅니다.
흙도 묻어 있고, 여기저기 많이 닳았네요.
어느덧 제 역할이 끝나가는 것 같지요?

자, 당신이 운동화라면 어떤 마음일까요?
여럿이 모여 각자의 생각을 이야기하고 그 마음들을 옮겨 적어보세요.

- 슬프다(곧 버려질 것 같아서)
- 아프다(상처가 많아서)
- 울고 있다(주인이 돌보지 않아서)
- 말한다(자기 의견을 이야기하려고)
- 야속하다(상처를 돌봐주지 않으니까)
- 궁금하다(얼마나 더 살 수 있을지 몰라서)

이외에도 수많은 마음을 찾을 수 있을 것입니다.
그중 가장 독특하다고 여겨지는 마음 하나를 선택해보세요.
설명을 돕기 위해 그중 '궁금하다'를 골라보도록 하겠습니다.
그다음 왜 궁금한지 그 이유를 찾아 옆 페이지의 도표에 표현해볼까요?

어떤가요? 꽤 괜찮은 작품이 만들어졌지요?
이번에는 시를 만드는 데 그칠 것이 아니라
이를 좀 더 확장시켜 비즈니스에 활용해보는 것입니다.
정말로 운동화에 수명을 체크하는 기능이 있다면 어떨까요?
그래서 "나 더 살 수 있어"라거나 "나도 좀 신경써줘"라고 표시되는 등의
말을 하는 운동화가 있다면 얼마나 획기적일까요?

WHO 누가	낡은 운동화
마음 DO ~하다	궁금하다
WHY 왜?	얼마나 더 살 수 있을지 몰라서

제목 낡은 운동화

온몸에 흙빛 상처 안고
얼마나 더 살 수 있을지
궁금함에
하늘 향해 입 벌리고 있다

자, 이번에는 같은 방법으로
'WHO'에 여러분의 회사 제품을 대입해 마음을 찾아보세요.
제품이 갖고 있는 아픔이 무엇일지를 생각한 후
그 아픔을 해결해주는 것입니다.

그리고 옆의 빈 칸에 시 대신 아이디어를 적어보세요.
물론 시를 쓰고 아래 남은 공간에
제품 아이디어를 적는다면 더욱 좋겠지요.
회사 제품과 관련한 시가 탄생하는 것은 매우 값진 일이니까요.

WHO
누가

마음 DO
~하다

WHY
왜?

제목

어떤가요? 괜찮은 아이디어가 나왔나요?
처음에는 어딘가 서툴게 느껴지지만
조금만 연습하면 금방 익숙해져서
얼마든지 좋은 아이디어를 찾아낼 수 있습니다.

앞에서도 말씀드렸다시피
반복적으로 연습하면서 그동안 쉽게 떠오르지 않았던
단어와 문장들을 생각해내는 훈련이 필요합니다.
그 단어와 문장이 곧 사고의 능력을 높이는 방법이 되고,
사고 능력이 높아지면 시는 물론이고
번뜩이는 아이디어를 훨씬 더 잘 떠올릴 수 있습니다.

우리의 삶에 감성이 필요한 이유는
사람의 마음을 이해하고
서로 소통함에 있어 무엇보다 효과적이기 때문입니다.
그러므로 사물의 마음을 이해하고 사물과 소통하는 것보다
더 감성의 극단으로 향하는 것은 없습니다.

사물의 마음을 안다는 것은
우리가 이전까지 가보지 못한
새로운 세계의 문을 여는 것과 같다고 생각합니다.
자, 그럼 다음 연습 마당으로 넘어가 볼까요?

사물의 마음을 보는 연습 2

관찰하면
사물의 마음이 보인다
오관법

'오관법'은 사물을 나 자신이 아닌
일반적인 사람으로 대상화해 그 마음을 찾는 방법입니다.
이것을 '의인화'라고 합니다.

의인화는 어떤 면에서는 '오감법'에서 연습한
'일체화'와 비슷하다고 생각할 수 있습니다.
내가 사물이 되면(일체화) 나도 사람이니
그것이 곧 의인화가 아니냐고 말할 수 있지요.
맞습니다. 사람으로 만든다는 점에서는 같습니다.

하지만 일체화는 주관적 생각이
사물의 마음으로 투영되는 것이고,
의인화는 누구나 할 수 있는 객관적인 생각이
투영되는 것이라는 점에서 조금 차이가 있습니다.

그러니까 의인화는 누구나 가질 수 있는 보편적인 생각인 반면,
일체화는 나만의 생각이라고 할 수 있지요.
이 의인화를 논리적이고 설득력 있게 만드는 과정이
바로 '오관법'입니다.

'오관법'은 앞서 살펴본 '오감법'에서 배운
'대상+동사(형용사)+왜'에 '어떻게+무엇을'이 더 추가된 형식입니다.
그 이유는 논리성을 확보하기 위해서입니다.
논리적으로 글을 쓰려면 흔히 '6하 원칙'에 따라 써야 한다고들 합니다.
'6하 원칙'은 사람들을 설득할 수 있는
가장 완벽한 논리 구조이기 때문입니다.

그런데 여기서는 6하 원칙 중 네 개만 사용합니다.
대신 무엇보다 중요한 '마음 DO'가 있습니다.
그리고 나머지 두 개는 나중에 시를 완성할 때 보충하게 됩니다.

주의할 것은 '마음 DO'가 중요한 만큼
'왜, 어떻게, 무엇을'이 모두 '마음 DO'로 연결되어
바로 그것의 까닭을 설명하는 수단이 되어야 한다는 점입니다.
그래야 하나의 이미지가 생성되고,
뿐만 아니라 온전한 논리 구조를 갖출 수 있기 때문입니다.

그런데 이렇게 하다 보면 '마음 DO'와 연결할 때

좀 난감해지는 경우가 발생합니다.
'무엇을'이라는 항목을 찾을 때가 바로 그렇습니다.

예를 들어 '마음 DO'를 '부끄럽다'로 선택한 뒤
'무엇을'의 항목에 '마음을'의 항목을 찾아 연결하려고 하면
'마음을 부끄럽다'는 다소 문맥에 어긋나는 표현이 나오게 됩니다.
이런 경우 '부끄럽다'는 '부끄럽게 하다'로
타동사화해 연결하면 자연스러워집니다.
즉 '마음을 부끄럽게 만든다' 혹은 '부끄럽게 하다'로 말이지요.

조금 헷갈리시나요?
그럴 땐 '무엇을'을 '무엇이'나 '무엇으로'로
찾아보는 것도 괜찮은 방법입니다.
그러면 '마음이 부끄럽다', '마음으로 부끄럽다'로 표현되어
연결이 한결 자연스러워질 것입니다.

이 '오관법'은 사물을 의인화해서 사람들이
가장 논리적이라고 생각하는 방법을 활용해
설득 요소를 갖게 하는 것입니다.
더불어 사물을 사람으로 만들어
더욱 자세한 관찰이 가능하게 하는 역할을 합니다.

예를 들어 길을 지나다가 버려진 책상을 발견하면

'누가 못 쓰게 된 책상을 버렸구나'라고 생각하고 무심히 지나치겠지요.
하지만 책상을 사람으로 의인화해
'사람이 버려졌다'고 생각하면 그냥 지나칠 수 없을 것입니다.
좀 더 관심을 갖고 상황을 바라보게 되겠지요.
바로 '관찰'을 하게 되는 것입니다.
그럼 이 방법을 통해 어떤 시들이 탄생했는지
강의를 통해 직접 진행했던 사례를 소개해보겠습니다.

꽃 위에 노랑나비가 앉아 있네요.
먼저 노랑나비의 마음을 찾아볼까요?
'노랑나비는 지금 무엇을 하고 있을까?'라고
질문하고 그에 따른 답을 떠올려보세요.
그리고 가장 'DON' 된다고 생각되는 마음을 선택하세요.

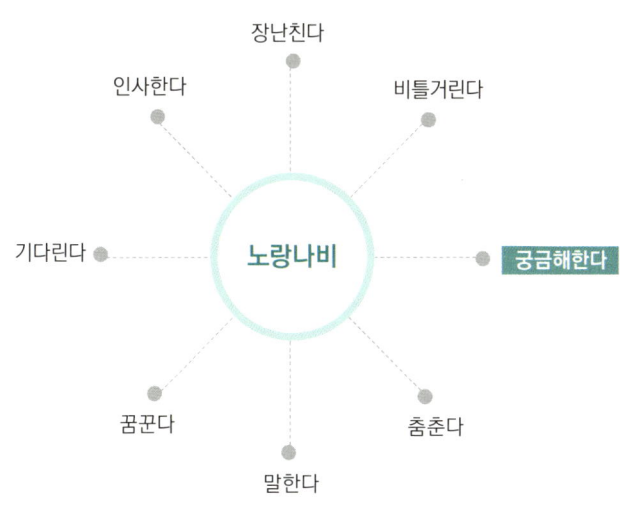

WHO 누가	노랑나비	
마음 DO ~하다	궁금해한다	
WHY 왜?	오지랖이 넓어서	
HOW 어떻게	이 꽃 저 꽃 참견하며	
WHAT 무엇을	세상 모든 것을	

제목 노랑나비

세상 모든 것 궁금한 노랑나비
할미꽃, 제비동자꽃,
제비꽃, 토끼풀꽃,
방울꽃, 바람꽃 찾아가
참견을 한다

그러다 듣는 한소리
고놈, 참……
오지랖 억수로 넓네!

다른 단어들이 어떤 현상을 드러내는 것들이라면
'궁금해한다'는 심리를 나타내는 단어군요.
이 단어를 선택해서 '왜, 어떻게, 무엇을'로 연결해보겠습니다.

위에서 찾은 단어와 문장을 그대로 옮겼더니
놀랍게도 심리가 행동을 유발하는 시가 탄생했네요.

다만 "할미꽃, 제비동자꽃, 제비꽃" 등은
'어떻게'에서 찾은 "이 꽃 저 꽃"이라는 말 대신,
나비가 날아다니는 계절인 봄에 피는 꽃을 검색해
그 꽃의 이름들을 찾아 넣어본 것입니다.

사물을 관찰하는 방법은 여러 가지입니다.
그러나 사물을 사람으로 만들어놓고
그 의미를 관찰하는 방법은 아직 없었을 것입니다.

사물의 마음을 읽고 그 아픔을 해결해주면서
사물의 변화상을 추적하는 이 방법은
21세기에 걸맞은 확실한 관찰법이라고 생각합니다.

자, 이번에는 당신이 직접 해보는 시간입니다.

먼저 거울의 마음을 찾아보세요.
보인다, 맑다, 깨끗하다, 비춘다, 기억한다 등등
여러 마음이 있을 수 있습니다.

이 여러 가지 마음들과
당신이 찾은 또 다른 마음들을 모두 모아
도표에 하나씩 적어보세요.
다 적었으면 이 중 하나를 선택해야겠지요.
어느 생각이 가장 독특하고 새로운지 살핀 다음
거울의 '마음 DO'에 적어보세요.

실제로 있었던 실습에서는
어떤 분이 '기억한다'를 선택했습니다.
무언가 재미있고 기발한 시가 나올 것 같다는 것이
선택의 이유였습니다.

우리가 거울을 보는 것이 어제 오늘의 일이 아니니
아마도 거울을 보는 사람의 과거와 현재를 본다는 생각에서
비롯된 선택이 아니었을까요?

이때 'WHO'는 당연히 거울입니다.

WHO 누가	거울	
마음 DO ~하다	기억한다	
WHY 왜?	오래전부터 습관처럼 계속 보니까	
HOW 어떻게	사진 찍듯 그 모습 그대로	
WHAT 무엇을	과거를	

제목 거울

습관처럼 그대 앞에 서니

사진 찍은 듯
조금 전과 어제,
일 년 전과 십수 년 전 내 과거를
낱낱이 기억하고 있다

그대 얼굴에는
나의 오늘도 있고,
내일도 있다

그리고 선택한 '마음 DO'에 '기억한다'를 넣고
'왜, 어떻게, 무엇을'이 모두 '기억한다'로 연결될 수 있도록 표현해보세요.

사람의 관점에서 거울을 생각하면 쉽게 나올 수 없는 이미지이지만
거울의 관점에서 사람을 본다고 생각하자 재미있는 시가 탄생했습니다.

만약 거울에 서로 비교할 수 있도록
어제의 내 모습과 지금의 내 모습이 함께 나타난다면,
그래서 지금의 모습과 과거의 모습을 함께 볼 수 있다면 과연 어떨까요?
이런 거울이 있다면 당신은 어떨 것 같나요?

이처럼 사물의 마음을 알아내는 연습을 하면
사물인 우리 회사 제품의 마음도 알아낼 수 있고,
그것을 통해 우리 회사 제품을 변화시킬
아이디어도 찾아낼 수 있습니다.

그렇다면 이번에도 역시 여러분의 회사 제품 이름을
'WHO'에 대입해 제품의 마음을 찾아보세요.
그리고 위에서처럼 그 마음과 '왜, 어떻게, 무엇을'을 연결해
단어와 문장을 찾아보세요.

사물의 마음을 알아내면 그것은 곧
그 사물을 변화시키는 아이디어가 됩니다.

사물이 어떤 아픔이나 생각을 가지고 있는지를 알아내
그 아픔이나 생각을 해결하면
그것이 바로 신제품 아이디어로 연결되기 때문입니다.

자, 이제 회사 제품을 'WHO'에 넣어 제목으로도 씁니다.
그리고 '마음 DO'를 찾고, 그 마음을 '왜, 어떻게, 무엇을'로 연결합니다.

아래 시 쓰는 공간에 시 대신 새로운 제품 아이디어를 적어보세요.
물론 앞에서처럼 시를 쓰고 남은 공간에
제품 아이디어를 적어보면 더더욱 좋겠지요.

WHO
누가

마음 DO
~하다

WHY
왜?

HOW
어떻게

WHAT
무엇을

제목

어떤가요? 이번에도 괜찮은 아이디어가 탄생했나요?
이번에는 좀 더 획기적인 아이디어가 나올 수 있는
또 다른 신세계로 가보려고 합니다. 그럼 함께 떠나볼까요?

사물의 마음을 보는 연습 3

유사점을 찾으면 아이디어가 떠오른다
오연법

이번 마당에서는 '연결'과 '융합'을 연습해보고자 합니다.
연결과 융합은 시에서 흔히 비유로 표현됩니다.

시에서 비유를 만드는 방법 중 하나는
유사점을 찾아 연결하는 것입니다.

그러니까 원래 단어(명사)가 가지고 있는
특징과 마음을 동사나 형용사로 찾은 다음
다시 그 동사나 형용사와 유사점을 이루는
명사를 찾아내는 것입니다.

이를 공식화하면
'원래의 명사-동사(형용사)-새로운 명사'로 연결한 후
'왜, 어떻게, 무엇을'에 맞는 표현을 찾아
문장을 잇는 것입니다.

그리고 맨 뒤에 새로운 명사를 삽입하면
원래 명사와 새로운 명사가 비유로 연결되는 것이지요.

최고경영자용 프로그램에서 만들었던
사례를 통해 설명해보겠습니다.

여기 화장하는 여성의 사진이 있습니다.
이 사진을 보고 '화장' 하면 떠오르는 생각들을 표현해보세요.
바꾼다, 감춘다, 예쁘다, 무섭다 등 여러 마음이 있겠지요.
이 단어들이 바로 화장의 마음을 말해주는 '마음 DO'입니다.

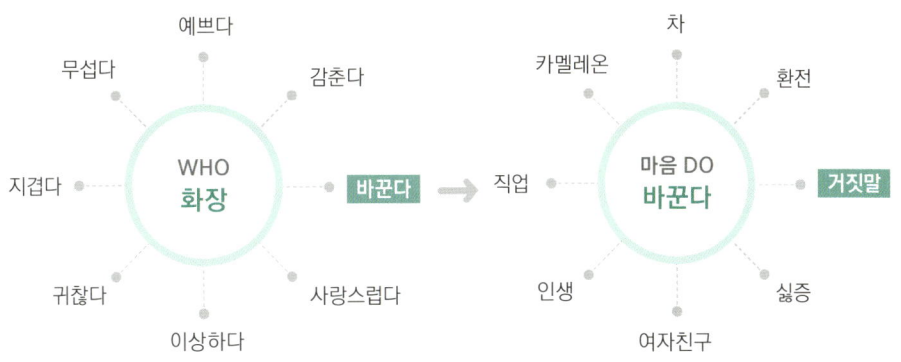

다양한 마음들을 위와 같이 도표에 정리한 후,
'바꾼다'라는 동사를 선택했습니다.
그럼 이제 '바꾼다'를 동그라미 안에 넣고
그 단어에서 연상되는 명사를 찾습니다.

거짓말, 카멜레온, 환전, 인생 등 여러 명사가 나왔네요.
이 중 '거짓말'이라는 새로운 단어를 선택하자,
'화장은 (바꾸는) 거짓말이다'라는 비유가 만들어졌습니다.

그런 다음 '바꾼다'는 마음으로 연결되는
'왜, 어떻게, 무엇을'을 찾아봅니다.
그리고 이를 연결해 쭉 이어보니 다음과 같은 시가 탄생했습니다.

WHO 누가	화장	제목 화장	
마음 DO ~하다	바꾼다	거울 속의 나 우울로 가득 찼다	
NEW WHO 새로운 누가	거짓말	몇 번의 손길로 그 우울 털어내고 싹 바뀌어간다	
WHY 왜?	우울하니까		
HOW 어떻게	싹	오늘도 거짓말을 바른다	
WHAT 무엇을	기분을		

어떤가요?
근사한 시 한편이 탄생하지 않았나요?

'거짓말'은 나쁜 것입니다.
그렇다면 '화장'도 나쁜 것일까요? 그렇지 않습니다.
여기서의 거짓말은 나쁜 의미의 거짓말이 아닙니다.
우울한 기분을 바꿔주는 거짓말이니 하얀 거짓말,
즉 좋은 거짓말이겠지요.

내가 우울하면 나를 만나는 상대까지 우울해집니다.

상대방이 우울하면 나도 슬퍼지고 기분이 나빠집니다.
이런 상황을 만들지 않기 위해
나 자신 먼저 기분을 좋아지게 하는
거짓말은 긍정적이고 낙관적인 하얀 거짓말입니다.

사실 거짓말에도 종류가 많습니다.
섹시한 거짓말, 지적인 거짓말, 순수한 거짓말,
착한 거짓말, 어리숙한 거짓말처럼 말입니다.
당신이 아는 거짓말은 이보다 더 많을 수도 있습니다.

그렇다면 메이크업 아티스트가 하는 화장술로서가 아니라
재료 자체로 바뀔 수 있는 화장품,
예를 들어 바르면 지적으로 보이는 화장품,
착하고 순수해 보이는 화장품 등
다양한 화장품의 카테고리가 나올 수 있지 않을까요?

이처럼 비유는 새로 찾는 명사의 특징을
원래 있던 명사에 넣어 그 명사를 변화시키는 것입니다.
따라서 원래의 단어에서 전혀 생각할 수 없었던
새로운 단어를 찾아내는 것이 이 과정의 핵심입니다.

자, 그럼 이번엔 신용카드를 대상으로 연습해볼까요?

'WHO'라고 표시된 동그라미 안에
신용카드라는 단어를 적고 신용카드의 마음을 찾아보세요.
그다음 신용카드의 마음 중 하나를 선택해
'마음 DO'가 써진 동그라미 안에 넣고
연상되는 명사를 찾아 적습니다.
그러면 원래 명사인 신용카드와 연결될 수 있는
새로운 명사를 찾아낼 수 있습니다.
하나도 어렵지 않지요?

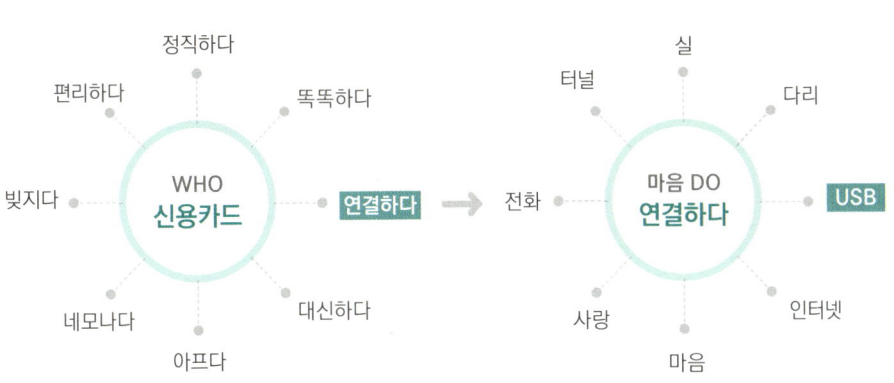

'연결하다'라는 동사가 있네요.
신용카드는 상인과 소비자를 연결해주는 것에서
한 발 더 나아가 기업과 소비자를 만나게 해주고,
사람들을 온 세상과 연결시켜준다는 의미가 담긴 듯합니다.

그럼 '연결한다'라는 단어에서 연상되는 명사를 찾아볼까요?
전파, USB, 사랑, 마음, 인터넷, 터널 등이 있겠네요.
여러 가지 명사 중에서 어떤 단어가 가장 마음에 와 닿나요?

'신용카드'라는 원래의 명사와 '연결하다'의 유사점을 통해
뜻밖의 단어인 'USB'를 선택하면 어떤 결과가 나올까요?

이것을 문장으로 연결해보면
'신용카드는 USB다'라는 비유가 나오게 됩니다.
이렇게 도출된 표현들을 정리해보겠습니다.

생각지도 못한 아주 독특한 시가 탄생했지요?
신용카드를 아무리 관찰해도 'USB'라는 단어가
쉽게 떠오르지 않는 것이 보통입니다.

WHO 누가	신용카드	제목 신용카드
마음 DO ~하다	연결하다	그대와 만나면 내 몸에 저장된 정보
NEW WHO 새로운 누가	USB	슬며시 그대에게 흐른다
WHY 왜?	정보가 저장되어 있어서	소리도 없이 흔적도 없이
HOW 어떻게	다른 기기와 접촉해서	흘러 마음과 마음을 연결하는
WHAT 무엇을	우리들의 마음을	USB

여기에서 '정보'라는 단어 대신 좀 더 서정적인 단어를 사용하고,
'연결'이라는 단어 대신 연결과 유사한 시적인 단어를 넣는다면
훨씬 서정적인 시가 될 수 있습니다.

하지만 이렇게 시를 만들었다고 해서
이게 끝이 아니라는 점, 잊지 않았지요?

새로 찾은 명사인 'USB'의 특징을 신용카드로 옮겨와
USB처럼 정보나 자료를 담을 수 있도록 만든다면
신용카드의 기능을 더욱 확장시킬 수 있습니다.

이 방법은 원래 있던 단어에서 유사점을 찾아내
전혀 생각하지 못한 새로운 단어를 만들어낸다는 측면에서
가장 쉬운 '융합법'이라고 할 수 있습니다.

그럼 이번에는 당신 회사의 제품명을 넣고
새로운 제품 아이디어를 적어보세요.
여기서도 마찬가지로 시를 만들고 빈 공간에
제품 아이디어를 적어보는 방법을 권합니다.

특히 제품 아이디어를 생각할 때 회사 제품과
유사점으로 찾은 새로운 단어의 특징을 삽입하는 것입니다.

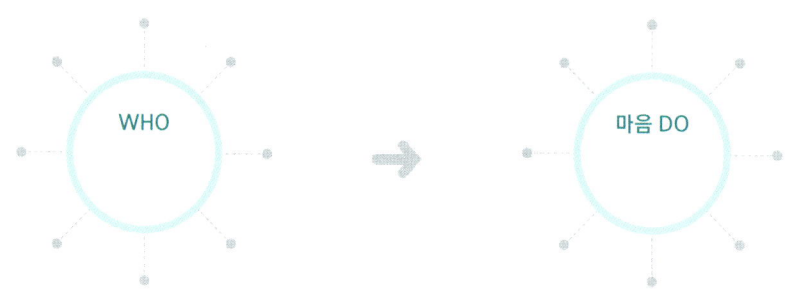

WHO
누가

마음 DO
~하다

NEW WHO
새로운 누가

WHY
왜?

HOW
어떻게

WHAT
무엇을

제목

어떤가요?
새로운 아이디어가 도출되었나요?

융합은 창조의 기둥입니다.

그럼에도 이제껏 융합은 그저
'이것과 저것을 섞는 것'이라는 정도의
개념으로만 설명되는 경우가 대부분이었습니다.

시에서는 유사점을 찾아 새로운 단어를 추출하고
그 단어의 특징을 원래 단어에 넣어 그 의미를
변화시키는 것이 융합이며 비유의 방법입니다.

이 방법은 새 아이디어 찾기에 매우 유용한 만큼
반복적으로 연습해서 좋은 결과를 만들어내기 바랍니다.

사물의 마음을 보는 연습 4

새로운 콘셉트는 역발상에서 나온다
오역법

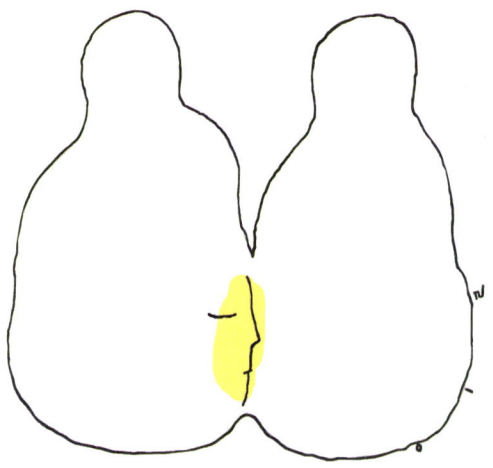

우리에게 융합과 함께 강조되는
또 하나의 생각 방법이 바로 '역발상'입니다.
융합과 역발상은 모두 창조의 방법입니다.

하지만 역발상 역시 융합처럼 누구도 그 방법을
구체적으로 알려주지 않습니다.
"그냥 뒤집어"라고만 이야기합니다.

과연 무엇을 어떻게 뒤집으라는 것일까요?

시 창작법에는 다섯 가지의 역발상법이 있습니다.
그중에서 가장 쉽고 일반적인 방법인 '역설'에 대해
먼저 알아보기로 하겠습니다.

역설은 '마음 DO',
그러니까 동사나 형용사를 찾아
반대로 뒤집는 것입니다.

아래에 멸치 사진이 있습니다.
멸치는 지금 무슨 생각을 하고 있을까요?
자, 지금 떠오른 생각을 반대로 뒤집어보세요.

제가 직접 멸치가 되어 처한 상황을 헤아리니
'죽어 있다'라는 마음이 떠오르는군요.
그리고 '죽어 있다'를 반대로 뒤집으면
'살아 있다', '떠들썩하다' 등으로 표현할 수 있겠네요.

이제 멸치가
왜 떠들썩한지, 어떻게 떠들썩한지,
무엇을 떠들썩하게 하는지를 찾아봅니다.

WHO 누가	멸치
마음 DO ~하다	죽어 있다
마음 DO 뒤집기	살아 있다 떠들썩하다
WHY 왜?	고향 이야기를 한다고
HOW 어떻게	와글와글 왁자지껄 어린 시절 이야기를 하면서
WHAT 무엇을	동네를

> **제목 멸치**
>
> 파닥파닥 살아 있다
> 고향 이야기를 한다고……
>
> 와글와글 왁자지껄
> 어린 시절 이야기를 한다
>
> 동네가
> 떠들썩하다

그다음 '왜, 어떻게, 무엇을'에
해당하는 단어나 문장을 찾아 연결합니다.
고향 이야기를 한다고 떠들썩하고,
와글와글 왁자지껄 어린 시절 이야기를 한다고
동네를 떠들썩하게 한다는 이유를 대입하자
전혀 생각지도 못한 내용의 시가 나왔습니다.

WHO 누가	멸치
마음 DO ~하다	도망간다
마음 DO 뒤집기	다가온다
WHY 왜?	선물하려고
HOW 어떻게	반짝 반짝
WHAT 무엇을	은백색 비단을

제목 멸치

반짝 반짝

은백색 비단이
파도를 타고
다가온다

순박한 어부에게
제 몸을 선물하려고……

'도망간다'는 마음을 뒤집어
'다가온다'로 연결한 경우도 마찬가지로
신선한 이미지를 만들어냈습니다.

이것이 바로 '역발상'입니다.
우리가 흔히 가지고 있는 기존의 생각과 달리
완전히 새롭고 신선한 생각이 표현되지 않나요?

자, 이번에는 고드름으로 한번 연습해볼까요?
고드름의 마음을 찾아 뒤집어보는 것입니다.

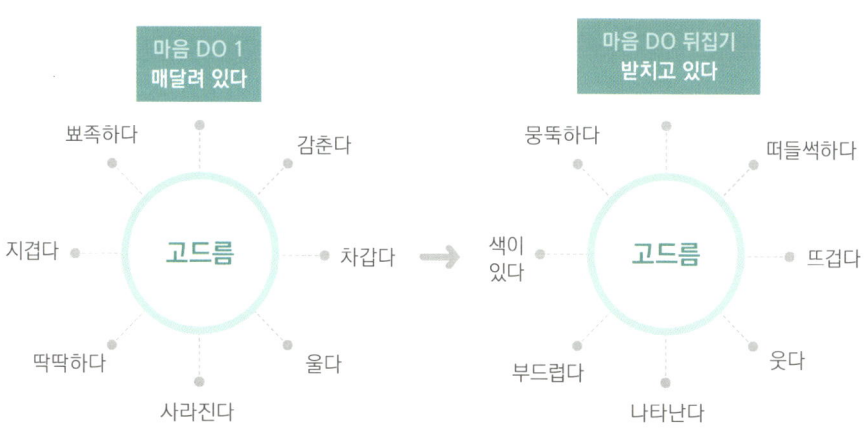

WHO 누가	고드름	
마음 DO ~하다	매달려 있다	
마음 DO 뒤집기	받치고 있다	
WHY 왜?	무너질까 봐	
HOW 어떻게	여럿이 손잡고 땀흘리며	
WHAT 무엇을	집을	

제목 고드름

얼마나 힘들까
저 큰집 무너질까 봐
손에 손잡고
땀 흘리며 받치고 있다

고드름의 '마음 DO'를 찾아 그 마음을 반대로 뒤집어보세요.
이제 뒤집은 마음으로 '왜, 어떻게, 무엇을'을 연결해보세요.

어떤가요?
고드름에 관한 새로운 시가 탄생했지요?
마음 뒤집기 방식이 아니었다면 평소에 고드름이
집을 받치고 있다는 생각을 하기는 쉽지 않았을 것입니다.
이것이 '역발상'의 놀라운 매력입니다.

비록 프로 시인처럼 문학적인 가치를 지닌
엄청난 작품성의 시는 아니지만
새로움을 찾아 시로 썼다는 측면에서
더없이 훌륭한 결과라고 할 수 있습니다.

이렇게 역발상적 사고를 통해
새로운 발견을 하고 창조의 시가 써지는 경험을
직접 해보는 것이 중요합니다.

그렇다면 이번에는 당신 회사의 제품을 대입해
어떻게 역발상적 아이디어가 생성되는지 실습해보세요.

뒷 장의 빈 도표에 회사의 제품을 넣고 '마음 DO'를 찾아보세요.
가장 먼저 제품의 이름을 생각해야겠지요?

그리고 '마음 DO'와 '마음 DO 뒤집기' 빈 칸을 채운 뒤
'왜, 어떻게, 무엇을'까지 생각해보세요.
그러고 나서 이를 연결해 시를 써보거나,
제품의 새로운 이미지를 적어보세요.

여러 사람이 모여 이와 같은 방법으로
반복해서 연습하면 스스로도 놀랄 만한 내용의
시가 써지고 생각지도 못한 아이디어가 도출될 것입니다.

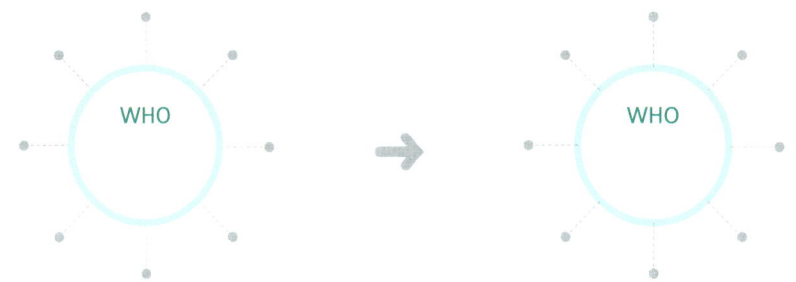

WHO
누가

마음 DO
~하다

마음 DO
뒤집기

WHY
왜?

HOW
어떻게

WHAT
무엇을

제목

지금까지 오감법, 오관법, 오연법, 오역법을 실습해보았습니다.
어떤가요? 실제로 연습해보니 한결 이해하기 쉽지 않나요?
더불어 이 네 가지 방법이 새로움을 발견하고 창조하는 데
매우 훌륭한 도구라는 생각이 들었을 것입니다.

아이디어 회의에서, 워크숍에서
지금까지 배운 네 가지 방법들을 놀이하듯
재미있게 해보기 바랍니다.
여럿이 함께 모여 할 때
훨씬 효과적이라는 사실 또한 잊지 마시고요.

이제 새로운 길, 초월의 길을 찾아
저와 함께 떠났던 여행이 모두 끝났습니다.
여기까지 따라오시느라 수고하셨습니다.

에필로그
감성의 끝에 서서

보이지 않는 것을 보려면, 남들과 다르게 보려면,
새로운 눈이 필요합니다. 그래서 우리는 당신에게
새로운 눈을 선사하려고 했습니다.

그 눈의 이름은 '시인의 눈'입니다.
비록 시 창작 이론의 극히 일부를 차용해 도출해낸 것이지만
시인의 눈을 갖게 되면 감성의 끝에 서서
보이지 않던 것을 보고, 새로움을 생각할 수 있는
놀라운 힘이 생기기 때문입니다.
그 방법을 다시 한 번 들여다볼까요?

먼저, 나 스스로 '그것'이 되어
내 인생을 몽땅 싸들고 '그것'이 처한 상황 속으로 들어가세요.

그리고 내가 하고 있는 일이, 내가 만들고 있는 제품이

무엇을 보고,
무엇을 듣고,
무엇을 느끼고,
무엇을 말하고,
어떤 행동을 하는지

혹은

무엇을 보고 싶은지,
무엇을 듣고 싶은지,
무엇을 느끼고 싶은지,
무엇을 말하고 싶은지,
무엇을 행동하고 싶은지를
찾아보세요.

보고, 듣고, 느끼고, 말하고, 행동하는 것을 통틀어
'무슨 생각을 할까'라는 질문법으로 정리해 보여드렸습니다.

그리고 그 질문의 답을 찾기 위해
나 스스로 그 상황이 되고,
그 물건이 되어 '무슨 생각을 할까?'를 찾으면
아무도 보지 못한 것, 또 보이지 않던 것을 보게 되는
통쾌하고 놀라운 순간을 맞이하게 될 것입니다.

다음은 의인화를 통해
그 일이나 사물이 어떤 마음인지를 찾아내고
'왜, 어떻게, 무엇을'이라는 질문으로
찾아낸 마음의 논리적인 까닭과 방법과 목적을 떠올려보세요.
찬찬히 생각의 꼬리를 따라가다 보면
짧지만 하나의 스토리가 만들어지고
그 순간 내가 하는 모든 일들이 새로운 이야기로 재탄생합니다.

그리고 세 번째, 융합과 연결은 이 시대 최고의 화두입니다.
유사점을 바탕으로 원래 단어에서
전혀 다른 새로운 단어를 찾아 연결하면
떨어져 있는 두 세계 사이에 개념의 다리가 놓입니다.
새로운 이미지가 만들어지는 것이지요.

마지막으로 역발상입니다.
역발상의 세계는 또 하나의 기적을 보여주기에 충분합니다.

'사물의 마음을 뒤집어라!'

이 명제가 가장 쉬운 역발상법이라니, 놀랍지 않나요?
그리고 그 뒤집은 마음과 연결되는
'왜, 어떻게, 무엇을'을 다시금 찾아보세요.

해학과도 같은 과정 속에서
역설의 미학을 만나게 될 것입니다.
뿐만 아니라 모순, 반전, 재명명, 변신에서도
낯선 아이디어와의 즐거운 만남이 이루어질 것입니다.

여러분은 이제 시인들의 사고법을 어느 정도 이해했습니다.
하지만 이 방법들을 이용해 새로운 아이디어를 찾아내거나
시를 쓰는 일이 그리 쉬운 과정은 아닐 것입니다.
하지만 비교적 그 일들을 쉽게 하도록 해주는 방법이 있습니다.

그 방법은 바로 '그룹 지니어스'입니다.
앞에서도 말했듯이 사물의 마음을 보는 과정을
혼자가 아니라 서너 명 이상 여럿이 모여
함께 단어를 생각하고, 문장을 만들고,
아이디어를 찾아내는 것입니다.

그러면 내가 미처 생각해내지 못했던 단어들이
옆의 사람들의 입을 통해 터져 나와
훨씬 다양하고, 자연스럽고, 재미있고, 쉽게
새로움을 찾아낼 수 있습니다.

또 찾은 단어를 총동원해 더욱 기발한 문장,
더욱 새로운 문장을 만들어낼 수도 있습니다.

그러므로 이 책은 각자가 읽었지만
실습과 토론, 그리고 아이디에이션은
여럿이 함께 모여 할 것을 적극 권합니다.

'시인들의 창조법을 통해 배우는
Think Different 최고위과정'에서도
서너 명이 한 조가 되어 새로운 단어를 찾고,
그것을 새로운 이미지가 담긴 시로 만들었습니다.

더불어 그 단어와 이미지가 획기적인 아이디어로
전환되는 과정을 함께 지켜보았습니다.

이 책의 순서를 따라 사고력을 높이다 보면
우리 회사의 제품은 물론 사물의 마음을 읽을 수 있는
감성의 문을 여는 일이 가능해지리라 확신합니다.

이 감성을 통해 사물의 마음을 찾고,
사물의 마음을 다른 사물의 마음과 연결하고 융합해
누구도 생각하지 못한 새로움을 창출해내기를 바라고 바랍니다.

또 그 마음을 뒤집어, 누구도 찾지 못한 새로운 개념의 아이디어로
발전되기를 희망하고 희망합니다.

그럼에도 저희는 여기까지의 성과에 만족하지 않습니다.
더욱더 머리를 맞대고 힘을 모아
대한민국이 창조시대를 활짝 열 수 있도록
작은 디딤돌이 되고자 노력할 것입니다.

지금까지 감성의 끝에 서서 새로움을 보려는 낯선 여행에
끝까지 함께해주신 당신께 감사의 절을 올립니다.

강신장·황인원 올림

이 책에 수록된 시

장석주, 「대추 한 알」, 『붉디 붉은 호랑이』, 애지, 2005
이성선, 「풀잎으로 나무로 서서」, 『빈 산이 젖고 있다』, 미래사, 1991
정일근, 「태안반도에서 들었다」, 『기다린다는 것에 대하여』, 문학과지성사, 2009
나태주, 「풀꽃」, 『너도 그렇다』, 종려나무, 2009
고창수, 「사물들, 그 눈과 귀」, 『사물들, 그 눈과 귀』, 문학아카데미, 2013
박용하, 「적설積雪」, 『바다로 가는 서른 세 번째의 길』, 문학과지성사, 1995
손광세, 「담쟁이덩굴」, 『빛여울의 은어떼들』, 상서각, 1994
도종환, 「연두」, 『세시에서 다섯시 사이』, 창비, 2011
김용택, 「사랑」, 『그래서 당신』, 문학동네, 2006
안도현, 「산가山家 1」, 『간절하게 참 철없이』, 창비, 2008
김용택, 「비 오는 날」, 『콩, 너는 죽었다』, 실천문학사, 2003
문정희, 「머플러」, 『양귀비꽃 머리에 꽂고』, 민음사, 2004
이생진, 「벌레 먹은 나뭇잎」, 『일요일에 아름다운 여자』, 동천사, 1997

KI신서 5517
감성의 끝에 서라

1판 1쇄 발행 2014년 3월 17일
1판 8쇄 발행 2025년 11월 25일

지은이 강신장 · 황인원
펴낸이 김영곤 **펴낸곳** (주)북이십일 21세기북스
책임편집 양으녕 **디자인** 씨디자인 **일러스트** 강일구
영업팀 정지은 한충희 장철용 남정한 강경남 황성진 김도연 이민재
제작 이영민

출판등록 2000년 5월 6일 제406-2003-061호
주소 (우 10881) 경기도 파주시 회동길 201(문발동)
대표전화 031-955-2100 **팩스** 031-955-2151
이메일 book21@book21.co.kr **홈페이지** book21.com

(주)북이십일 경계를 허무는 콘텐츠 리더

21세기북스 채널에서 도서 정보와 다양한 영상자료, 이벤트를 만나세요!
유튜브 youtube.com/book21pub   블로그 blog.naver.com/21c_editors
인스타그램 instagram.com/jiinpill21   홈페이지 www.book21.com

ⓒ 강신장 · 황인원, 2014

ISBN 978-89-509-5459-8 13320
책값은 뒤표지에 있습니다.

이 책 내용의 일부 또는 전부를 재사용하려면 반드시 (주)북이십일의 동의를 얻어야 합니다.
잘못 만들어진 책은 구입하신 서점에서 교환해 드립니다.